C.H.BECK ■ WISSEN

in der Beck'schen Reihe

Das Schicksal des Hauses Hohenzollern ist eng mit der deutschen Geschichte verknüpft. Dieses Buch zeichnet die Lebenswege seiner Kurfürsten, Könige und Kaiser nach und bettet sie ein in das kulturelle und politische Geschehen ihrer Zeit. Der Autor liefert anschauliche Charakterbilder der einzelnen Herrscher, beschreibt ihr kulturelles Mäzenatentum sowie das Verfassungsleben und die Sozialstruktur der jeweiligen Epochen und verfolgt die außenpolitischen Aktivitäten der Hohenzollern in Deutschland und Europa. Dabei werden die Leistungen der Dynastie ebenso thematisiert wir ihre Grenzen.

Frank-Lothar Kroll, Dr. phil., Jg. 1959, ist Professor für Europäische Geschichte des 19. und 20. Jahrhunderts an der Technischen Universität Chemnitz und Vorsitzender der Preußischen Historischen Kommission. Von ihm erschien bei C.H.Beck: Preußens Herrscher (2000), Die Herrscher Sachsens (2004) und Geschichte Hessens (2006).

Frank-Lothar Kroll

DIE HOHENZOLLERN

Verlag C. H. Beck

*Für Wolfgang Neugebauer,
den Kollegen und Freund,
in bewährter Verbundenheit*

Mit 14 Bildern und 2 Karten

Originalausgabe
© Verlag C. H. Beck oHG, München 2008
Satz: Fotosatz Reinhard Amann, Aichstetten
Druck und Bindung: Druckerei C. H. Beck, Nördlingen
Umschlagentwurf: Uwe Göbel, München
Printed in Germany
ISBN 978 3 406 53626 7

www.beck.de

Inhalt

Einleitung — 7

I. Ursprünge in Schwaben und Franken
(1061–1415) — 9

II. Konstituierung und Konsolidierung der kurbrandenburgischen Landesherrschaft im 15. Jahrhundert
(1415–1499) — 14

III. Hohenzollernherrschaft im konfessionellen Zeitalter
(1499–1640) — 19

IV. Vom Kurfürstentum zum Königreich
(1640–1701) — 29

V. Preußischer Hochabsolutismus
(1701–1786) — 42

VI. Niedergang und Reform
(1786–1815) — 72

VII. Restauration, Revolution, Neubeginn
(1815–1866) — 82

VIII. Hohenzollern in Deutschland
(1866–1918) — 101

IX. Ausklang und Nachwirken
(1918–1990) — 112

Literaturverzeichnis — 118
Bildnachweis — 124
Regententabelle — 125
Personenregister — 126

Einleitung

Dynastiegeschichtliche Darstellungen erfreuen sich seit einiger Zeit wachsender Beliebtheit. Das war nicht immer so, im Gegenteil. Beeinflußt von sozialwissenschaftlichen Trends und fixiert auf ein vom breiten Leserpublikum nicht immer geteiltes Interesse am Lebensmilieu der Unterschichten, hat vor allem die neuere deutsche Geschichtswissenschaft der 1970er und 1980er Jahre die Beschäftigung mit den Phänomenen Dynastie, Monarchie, Fürst und Hof weitgehend vermieden. Im Unterschied zur britischen und amerikanischen Forschung beraubte sie sich durch diese programmatische Vernachlässigung eines maßgeblichen Teils der politischen Führungsschichten jahrzehntelang der Möglichkeit, auf dem Feld der Eliten- und Oberschichtenforschung zu qualitativen, auch gesellschaftsgeschichtlich relevanten Erkenntnisfortschritten zu gelangen.

Dieser Trend ist heute rückläufig. Herrschergeschichte erweist sich als ein zunehmend an Resonanz und Reputation gewinnendes Segment der Historiographie, das nicht zuletzt wegen seiner Anschlußfähigkeit an verwandte Nachbardisziplinen Bedeutung besitzt. Die derzeit in vollem Gang befindliche «kulturalistische Wende» in den Geisteswissenschaften dürfte das Interesse an monarchiegeschichtlichen Fragestellungen weiter befördern.

Solchen Sachverhalten trägt dieses Buch Rechnung. Es rekonstruiert die Entwicklung der Hohenzollerndynastie von ihren schwäbisch-fränkischen Wurzeln im 11. Jahrhundert über den Sturz der Monarchie 1918 und das Ende Preußens 1947 bis zur Gegenwart. Schwerpunkte bilden dabei die Herausformung der kurbrandenburgischen und der herzoglich-preußischen Landesherrschaft im 16. und 17. Jahrhundert, die Konsolidierung monarchischer Macht während der Epoche des preußischen Hochabsolutismus im 18. Jahrhundert und die zwischen Reform und Restauration schwankende innere Entwicklung des Landes von

1806 bis 1866. Durch die Kombination biographischer, politikgeschichtlicher und kulturhistorischer Herangehensweisen werden nicht nur persönliche Lebensschicksale der Herrscher transparent, sondern auch die entsprechenden Umfelder fürstlichen Handelns sichtbar gemacht – Hof und Hofkultur ebenso wie Verfassungsleben, Sozialstruktur und die außenpolitischen Aktivitäten des Hohenzollernhauses in Deutschland und Europa.

Die Knappheit des verfügbaren Raumes zwang zu manchen perspektivischen Verkürzungen. Mit ausführlicheren Gesamtdarstellungen, wie sie die «Klassiker» von Otto Hintze (1915) und Hans-Joachim Schoeps (1966) bieten, und wie sie zuletzt Wolfgang Neugebauer in einem fulminanten zweibändigen Werk (1996 und 2007) vorgelegt hat, kann und will dieser Band nicht in Konkurrenz treten. Dennoch hofft der Verfasser, durch die vorgenommenen Akzentsetzungen auch dem Kenner der preußischen Geschichte einige weiterführende Gesichtspunkte präsentieren zu können. Das gilt, nicht zuletzt, für die an zahlreichen Stellen eingebrachte europäische Vergleichsperspektive. Gerade sie verdeutlicht den oftmals unterschätzten Rang, der vielen Repräsentanten des hohenzollernschen Herrscherhauses zukam, und der die brandenburgischen Kurfürsten und preußischen Könige gegenüber ihren Kollegen in Frankreich, England oder Spanien keineswegs zurückstehen ließ. Brandenburg-Preußen spiegelte hier eine Tendenz wieder, die für die meisten frühneuzeitlichen Territorialstaaten Europas charakteristisch gewesen ist. Sie waren Produkte dynastischen Ehrgeizes, sie verdankten ihre räumliche Gestalt in der Regel weder stammesgeschichtlich-geographischen noch landschaftlich-regionalen noch gar ethnisch-nationalen Triebkräften, sondern weithin dem Wirkungswillen und Ausdehnungsstreben des jeweiligen Herrscherhauses. Vor diesem Hintergrund gewinnt eine dynastiegeschichtliche Darstellung der Entwicklung Preußens zusätzliches Gewicht.

Der Verfasser dankt seinen Chemnitzer Mitarbeiterinnen Annekathrin Lehmann, Patricia Otto und Isabelle Rockstroh für die umsichtige und engagierte Texterfassung und für die Bearbeitung des Registers.

I. Ursprünge in Schwaben und Franken (1061–1415)

Süddeutsche Anfänge. Ursprünglich waren die Hohenzollern ein im Südwesten Deutschlands beheimatetes Adelsgeschlecht. Ihre geschichtliche Wirksamkeit hatte zunächst weder mit Brandenburg noch mit Preußen irgend etwas zu tun. Die Anfänge lagen in Schwaben und in Franken. 1061 verzeichneten die *Annalen* Bertholds von Reichenau den gewaltsamen Tod zweier Angehöriger des hohenzollernschen Hauses, der Grafen Burchard und Wezil von Zollern. Damit erscheint die Dynastie erstmals nachweislich am Horizont der mittelalterlichen Geschichte. Auch die Stammburg des Hauses, die *Zollernburg*, ist damals, im 11. Jahrhundert, erbaut worden. Ihr Name verbindet sich mit dem unfern der heutigen Stadt Hechingen gelegenen *Sonnenberg* – von den Römern benannt als *mons solarius*, wohl in Anknüpfung an altgermanische Sonnenkulte. Mit der erstmaligen Erwähnung im Jahr 1061 reiht sich die Hohenzollerndynastie zeitlich in die Frühgeschichte fast aller bedeutenden deutschen Fürstenhäuser ein, die später, bis 1866 bzw. 1918, in den Territorien des Reiches regieren sollten: Die Welfen sind seit Anfang des 9. Jahrhunderts urkundlich belegt, die Wettiner und Wittelsbacher seit Beginn des 10. Jahrhunderts, die Habsburger seit Mitte des 10. Jahrhunderts und die Zähringer – wie die Hohenzollern – exakt seit 1061.

Es dauerte indes noch länger als ein Jahrhundert, bis dem Hohenzollerngeschlecht der Ausgriff über die schwäbischen Stammlande hinaus gelang, zunächst in den fränkischen Raum. Eine Voraussetzung für diesen territorialen Ausgriff war die im 12. Jahrhundert besonders enge Anlehnung der schwäbisch-hohenzollernschen Grafen an die staufischen Kaiser, verbunden mit einem regen reichspolitischen Engagement. 1192 verlieh Kaiser Heinrich VI. (1165–1197) dem *comes de Zolre* Friedrich III. (ca. 1139–1200) das Amt des Burggrafen von Nürnberg. Friedrich III. nannte sich nach der damit verbundenen Rangerhöhung hinfort Friedrich I.

Europäische Verflechtungen. Der neuernannte Nürnberger Burggraf Friedrich I. erscheint aus heutiger Perspektive als einer der «Gründerväter Europas». Denn unter seinen Söhnen Konrad I. (ca. 1186–1260) und Friedrich IV. (ca. 1188–1255) teilte sich das Geschlecht 1214 in einen schwäbischen und einen fränkischen Zweig. Der *fränkischen* Linie entstammten (seit 1415) alle brandenburgischen Kurfürsten, preußischen Könige (seit 1701) und deutschen Kaiser (bis 1918), zeitweilig auch die Markgrafen der (von 1473 bis 1791) von Kurbrandenburg unabhängigen Territorien Ansbach und Bayreuth sowie (von 1525 bis 1618) die Herzöge von Preußen als weltliche Nachfolger des 1466 stark verkleinerten Deutschordensstaates. Die *schwäbische* Linie wiederum stellte nicht nur die Grafen und (seit 1623) Fürsten von Hohenzollern-Hechingen und Hohenzollern-Sigmaringen, die beide 1849 ihre Staaten an Preußen abtraten. Dem Haus Hohenzollern-Sigmaringen entstammten darüber hinaus auch die späteren Fürsten (von 1866 bis 1881) bzw. (seit 1881) Könige von Rumänien, für deren letzten Repräsentanten, Michael I., der von 1927 bis 1930 und von 1940 bis 1947 amtierte, sich nach Beendigung der kommunistischen Herrschaft kurzzeitig erfolgversprechende Perspektiven einer Rückkehr auf den Thron in Bukarest zu eröffnen schienen. Entsprechende Aussichten haben sich jedoch nicht realisieren lassen. Gleichfalls zur Sigmaringer Linie des Hohenzollernhauses gehörte der ältere Bruder des von 1866 bis 1914 regierenden ersten rumänischen Königs Carol I., Fürst Leopold von Hohenzollern-Sigmaringen (1835–1905), der infolge seiner verwandtschaftlichen Beziehungen zu den Häusern Bonaparte und Braganza dem spanischen Parlament 1870 als Kandidat für den dortigen Königsthron geeignet erschien, und dessen Person – trotz seines Verzichtes auf die Krone Spaniens – infolge diplomatischer Verwicklungen den Anlaß für die französische Kriegserklärung an Preußen und den Konflikt von 1870/71 bilden sollte. Leopolds zweiter Sohn Ferdinand gelangte dann aber doch noch in den Besitz einer europäischen Krone: Er amtierte als Neffe des kinderlosen Carol I. ab 1914 als (zweiter) König von Rumänien.

Hohenzollern – Habsburg – Wettin. Die fränkisch-hohenzollernschen Burggrafen von Nürnberg verfügten ursprünglich über einen nur sehr begrenzten Landbesitz. Das Nürnberger Burggrafenamt war ein Reichsamt, keine Landesherrschaft. Im Verlauf des 13. und 14. Jahrhunderts vermochten die Nürnberger Burggrafen jedoch beträchtliche territoriale Positionen in Franken zu besetzen. 1248 (endgültig 1260) brachten sie sich in den Besitz der 1194 gegründeten Stadt Bayreuth, 1331 erwarben sie Ansbach, 1348 die Plassenburg mit Kulmbach. All das erfolgte im Verbund mit dem gleichfalls aufstrebenden Haus Habsburg, der seit dem 13. Jahrhundert mächtigsten Dynastie im deutschen Südwesten. Politische Konkurrenzkämpfe mit diesem Geschlecht, wie sie für den Verlauf der deutschen und europäischen Geschichte seit der Mitte des 18. Jahrhunderts dann von so ausschlaggebender Bedeutung werden sollten, hat es damals, im Spätmittelalter, noch nicht gegeben.

Friedrich I.,
Kurfürst von Brandenburg
1415–1440, Detail,
Altar Cadolzburg

Wohl hingegen kam es während der Folgezeit mehrfach zu Interessenskollisionen mit einem anderen ambitionierten Herrscherhaus – den Wettinern. Seit Heinrich von Eilenburg (ca.

1070–1103) 1089 im Rahmen des Investiturstreits die Markgrafschaft Meißen von Kaiser Heinrich IV. (1050–1106) zum Lehen erhalten hatte, vermochte das sächsische Adelsgeschlecht seine landesfürstliche Herrschaft zwischen Saale und Elbe bis zur Mitte des 13. Jahrhunderts kontinuierlich auszubauen. 1247 konnte es sich die Landgrafschaft Thüringen sichern. Der wettinische Territorialstaat galt, spätestens seit Erwerbung des Herzogtums Sachsen-Wittenberg 1423 und der damit verbundenen Erlangung der Kurwürde, als bedeutendste Landesherrschaft im mitteldeutschen Raum. Dies mußte beinahe zwangsläufig zu machtpolitischen Rivalitäten führen, seitdem es auch dem Hohenzollernhaus gelang, sich im Gebiet zwischen Elbe und Oder festzusetzen.

Hohenzollern in Brandenburg. Diese Etablierung als mittel- und ostdeutsche Territorialmacht verdankten die Hohenzollern ihrer erneut bekundeten kaisertreuen Haltung, die sich an den Interessen des Reiches und seines jeweiligen Oberhauptes orientierte. Nachdem sie Kaiser Karl IV. (1316–1378) aus dem Haus der Luxemburger 1363 in den Reichsfürstenstand erhoben hatte, übertrug dessen Sohn, König Sigismund (1368–1437), der seit 1378 über die ihm vom Vater verliehene Markgrafschaft Brandenburg verfügte, dieses Territorium 1411 dem hohenzollernschen Burggrafen von Nürnberg, Friedrich VI. (1371–1440). Dieser hatte bei Sigismunds erfolgreicher Wahl zum römischen König 1410 eine entscheidende Rolle gespielt und dem Luxemburger auch sonst gute Dienste geleistet. Zunächst nur als Landeshauptmann und Verweser der Mark Brandenburg eingesetzt, wurde Burggraf Friedrich VI. von seinem Gönner Sigismund während des Konstanzer Konzils 1415 offiziell als brandenburgischer Markgraf und Kurfürst bestätigt.

Friedrich VI. (als Markgraf und Kurfürst: Friedrich I.) gelangte damit in den erblichen Besitz eines Gebietes, das (seit 1252) mit der Kurwürde und dem dazugehörigen Ehrenamt des *Reichserzkämmerers* ausgestattet war. Seitdem (und bis 1806) gehörten die Markgrafen von Brandenburg zum Kollegium der sieben Kurfürsten des Reiches, denen die deutsche Königswahl

I. Ursprünge in Schwaben und Franken (1061–1415)

oblag. Doch sonst bot die Mark zu Beginn der Herrschaftsübernahme durch die (fränkischen) Hohenzollern 1415 ein eher trostloses Bild. Als Grenzregion an Elbe und Saale slavischen Völkern benachbart und als solche Kolonisations-, Siedlungs- und Missionsgebiet, war die Mark Brandenburg ab 1134 vom sächsischen Fürstenhaus der Askanier regiert und in ihrem Gebietsbestand bis zum Ende des 13. Jahrhunderts fortschreitend konsolidiert worden. Dies war zumeist durch Kauf und Vertrag geschehen, seltener hingegen auf dem Weg kriegerischer Eroberung oder Unterwerfung. 1320 war die Dynastie der Askanier erloschen, das Territorium der Mark geriet zunächst unter wittelsbachische, dann (seit 1373) unter luxemburgische Herrschaft. Im Innern verfiel das unter den Askaniern gut geordnete und effektiv verwaltete Land während des letzten Drittels des 14. Jahrhunderts zusehends in Zerrüttung, Auflösung und Anarchie. Die Herrschaft des Faustrechts und ein extensiv betriebenes Raub- und Fehdewesen seitens des eingesessenen Landadels ließen die Wiederherstellung der landesstaatlichen Ordnung zu einem dringend empfundenen Bedürfnis werden. So hatte der hohenzollernsche Nürnberger Burggraf zunächst alle Hände voll zu tun, um sein neues Territorium nach innen zu stabilisieren.

II. Konstituierung und Konsolidierung der kurbrandenburgischen Landesherrschaft im 15. Jahrhundert (1415–1499)

Zwischen Franken und der Mark. Es war das vorrangige Ziel des neuen hohenzollernschen Kurfürsten Friedrich I., seine beim Herrschaftsantritt noch völlig ungefestigte Landeshoheit zu konsolidieren und die märkische Adels- und Städteopposition in Zaum zu halten. Vor allem die havelländische Ritterschaft reagierte auf diese Bemühungen mit erbittertem Widerstand. Jahrzehntelang jeder übergeordneten Autorität entwöhnt, empfand sie Raub, Mord und Fehdewesen als lebenspraktische Normalität und konnte nur sehr allmählich gebändigt werden. Dabei stützte sich der Kurfürst vorwiegend auf fränkisches Personal, das er aus seiner Nürnberger Heimat mitbrachte, und dessen Erfahrungen ihm wertvolle Dienste leisteten, auf administrativem wie auf militärischem Gebiet gleichermaßen.

Ohnehin hatte die Hohenzollernherrschaft nach 1415 noch für längere Zeit ihren Schwerpunkt in den fränkischen Landen. Während des gesamten 15. Jahrhunderts waren die fränkisch-hohenzollernschen Fürstentümer Ansbach-Kulmbach-Bayreuth in finanzieller und demographischer Hinsicht, nicht freilich ausdehnungsmäßig, der Leistungsfähigkeit der Mark Brandenburg entschieden überlegen. Dies galt ebenso im Vergleich der beiden höfischen Residenzen von Ansbach und Cölln. Kurfürst Friedrich I. hielt sich mit Vorliebe in Franken auf und ist seit 1426 überhaupt nicht mehr in die Mark Brandenburg zurückgekehrt. Die Nürnberger Burg freilich war zum Zeitpunkt seines Todes (1440) schon kein hohenzollernscher Besitz mehr. 1420 von den Wittelsbachern erstürmt und ausgebrannt, hatte Kurfürst Friedrich I. die Burgruine und alle zugehörigen grundherrschaftlichen Rechte 1427 an die Stadt Nürnberg verkauft.

II. Konstituierung und Konsolidierung (1415–1499)

Auch die Politik der beiden Nachfolger des ersten hohenzollernschen Kurfürsten in der Mark war weiterhin stark von fränkischen und damit zugleich von reichsbezogenen Interessen bestimmt. Kurfürst Friedrich II. (1413–1471) übernahm von seinem Vater 1437 die Verwaltung der Mark, 1440 fiel ihm das Kurfürstenamt zu. Seine dreißigjährige Herrschaft war erfüllt von blutigen Auseinandersetzungen mit aufrührerischen Adelscliquen und vom Widerstand der Städte Berlin und Cölln, deren Einwohner sich seiner Hoheitsgewalt entgegenstellten. Protest erregte besonders der Anspruch des Landesherrn auf die Freigabe eines Platzes für seinen Schloßbau, mit welchem 1442 begonnen wurde. In offenem Aufruhr verwüsteten Berliner Bürger 1447 das Baugelände und bedrohten landesherrliche Beamte (*Berliner Unwille*). Nur mühsam konnte 1448 ein Ausgleich gefunden werden. Wichtiger waren indes andere Zeitereignisse. So gelang es Friedrich II., 1455 für den Territorialausbau Brandenburgs östlich der Oder eine solide Grundlage zu schaffen: Gegen eine relativ geringe Geldsumme erwarb er die bisher im Besitz des *Deutschen Ordens* befindliche *Neumark*. Ein Jahr vor seinem Tod, 1470, übergab er die Regierung seinem Bruder Albrecht Achilles und zog sich nach Franken zurück.

Der dritte brandenburgische Kurfürst aus dem Haus Hohenzollern, Albrecht Achilles (1414–1486), hatte seit 1440 versucht, die ihm 1437 väterlicherseits zugeteilten fränkischen Besitzungen der Hohenzollern zu erweitern und dabei ambitionierte Pläne zur Errichtung eines «Herzogtums Franken» geschmiedet. Ihre versuchte militärische Realisierung scheiterte jedoch am Widerstand der Reichsstadt Nürnberg (*Markgräflerkrieg*, 1449–1453). Nach der Abdankung des Bruders und der Regierungsübernahme in der Mark glückte dem kampferprobten Landesherrn 1472 die Unterwerfung Pommerns unter brandenburgische Lehenshoheit. 1479 verließ auch Albrecht Achilles seine brandenburgischen Besitzungen, deren Geschicke er hinfort durch schriftliche Anweisungen aus der Ferne lenkte. Erfüllung fand er in einem kriegerischen Wanderleben als kaiserlicher Reichshauptmann.

Späte Emanzipation vom Süden. Lange noch, nachdem sich das Geschick des hohenzollernschen Gesamthauses mit den Schicksalen Brandenburg-Preußens verkettet hatte, gingen entscheidende, für seine Stellung in Deutschland und Europa maßgebliche Impulse nicht von der kurfürstlich-brandenburgischen, sondern von der markgräflich-fränkischen Linie aus. Einen eindrucksvollen Beleg dafür bot die hohenzollernsche Expansion in die Territorien des geistlichen Deutschlands, die *germania sacra*. Im Gefolge dieser Expansion besetzten Angehörige der Dynastie hohe und höchste geistliche Reichsfürstenämter, so das Bistum Halberstadt (von 1513 bis 1566), das Erzbistum Magdeburg (von 1513 bis 1631) und das Erzbistum Mainz (von 1514 bis 1545). Markgraf (seit 1518 Kardinal) Albrecht von Brandenburg (1490–1545), zweiter Sohn des seit 1486 in Brandenburg regierenden Kurfürsten, ein Förderer der Künste und späterer Gegner Luthers, konnte eine Zeitlang alle drei Ämter in seiner Person vereinigen. Erst eine von Kurfürst Albrecht Achilles testamentarisch verfügte Erbfolgeordnung (*Dispositio Achillea*, 1473) löste die bis dahin faktisch bestehende Personalunion zwischen den fränkischen Fürstentümern Ansbach-Kulmbach-Bayreuth und der Markgrafschaft Brandenburg durch Teilung der Gebiete unter drei seiner Söhne auf. Seitdem gingen die Territorien unter der Herrschaft verschiedener Linien des Hauses Hohenzollern für 300 Jahre dynastisch getrennte Wege, bis die markgräflichen Herrschaften Ansbach und Bayreuth 1791 an Preußen zurückfielen.

Kurfürst Johann Cicero (1455–1499, reg. seit 1486), der Sohn und Nachfolger des kriegerischen Albrecht Achilles, erwies sich, im Unterschied zu seinem Vater, als eine ausgesprochen schöngeistig veranlagte Herrscherpersönlichkeit. Dem Epochentrend des Frühhumanismus entsprechend, hegte er reges Interesse am Bildungsgut des klassischen Altertums, machte durch Sprachbegabung und Rednertalent auf sich aufmerksam und war seit 1493 mit Plänen zur Gründung einer brandenburgischen Landesuniversität in Frankfurt an der Oder beschäftigt (realisiert 1506). Politisch um Ausgleich und Vermittlung bemüht, gelang ihm, gleichfalls 1493, die Beilegung langjähriger Streitigkeiten mit Pommern über die brandenburgische Lehenshoheit, auf deren formale Ausübung der Kurfürst damals verzichtete. Johann Cicero gewann darüber hinaus große Bedeutung für sein Land, weil er sich verstärkt auf märkische Mitarbeiter stützte und den Anteil seines fränkischen Personals deutlich reduzierte. Als erster brandenburgischer Hohenzoller hat er dauerhaft in Berlin residiert und wurde auch in der Mark begraben. Die damit erfolgende dynastische Verselbständigung war insofern zwingend, als sich das politische Interesse der kurbrandenburgischen Hohenzollern gegen Ende des 15. Jahrhunderts ohnehin stärker nach Osten, weniger hingegen nach Süden, zum Reich hin, zu orientieren begann.

Landesherr und Landstände. Die endgültige dynastische Trennung der brandenburgischen von den fränkischen Hohenzollern im späten 15. Jahrhundert wurde durch die konfessionelle Spaltung im Zeitalter der Reformation weiter vertieft. Zugleich zeichneten sich in Brandenburg damals die ersten Konturen jenes fürstlichen Landesstaates ab, dessen volle Entfaltung im 16. und 17. Jahrhundert dann einer in Deutschland und Europa allgemein vorherrschenden Entwicklungsrichtung folgen sollte. Wie in den meisten zeitgenössischen Territorialstaaten waren hierbei auch für das hohenzollernsche Kurfürstentum Brandenburg zwei Strukturprinzipien konstitutiv: der Dualismus zwischen monarchisch-landesfürstlichem Herrschaftsanspruch einerseits und landständisch-korporativen Mitspracherechten andererseits. In Brandenburg war bereits zu Zeiten der Askanier, seit Mitte des 13. Jahrhunderts, die markgräfliche Gewalt – anfangs eine als Lehen übertragene erbliche Amtsbefugnis – zu einer förmlichen fürstlichen Landeshoheit ausgebildet worden. Die exponierte Grenzlage der Mark hatte hier insofern stimulierend gewirkt, als dem brandenburgischen Markgrafen zum Zweck effektiver Gefahrenabwehr eine relativ starke obrigkeitliche Machtstellung, besonders bei Handhabung der Gerichtshoheit, zugebilligt worden war. Als organisierte Vertretungsinstanz der durch Ritterschaft, Städte und Geistlichkeit repräsentierten Landeseliten standen die Landstände seit Ende des 13. Jahrhunderts dem Landesherrn ihrerseits nicht nur mit Rat und Hilfe zur Seite. Neben Befugnissen auf dem Gebiet der Gesetzgebung, der Justizpflege und der auswärtigen Politik besaßen sie das entscheidende Recht der Steuerbewilligung. Angesichts des kurfürstlichen Finanzbedarfs, der infolge wachsender Ausgaben für Hofhaltung, Repräsentation und Landesverwaltung ungeahnte Dimensionen erreichte, war das ständische Steuerbewilligungsrecht ein mächtiges Instrument zur Ausübung politischer Mitsprache beim Prozeß der kurbrandenburgischen Staatsbildung.

Der Antagonismus zwischen landesfürstlichen und landständischen Ansprüchen prägt die innenpolitische Entwicklung des Hohenzollernstaates vom Beginn des 15. bis in die ersten Jahrzehnte des 18. Jahrhunderts. Lange Zeit war das beiderseitige Verhältnis allerdings weitaus mehr durch Kooperation und Kompromiß als durch Konfrontation und Konflikt gekennzeichnet. Zwar gab es mancherlei Reibungen zwischen den beiden miteinander konkurrierenden Machtfaktoren. Doch letztlich profitierten beide Seiten voneinander. Dies geschah auf der Basis eines paritätischen Interessenausgleichs: Die Landstände übernahmen immer wieder die kurfürstlichen Schulden und bewilligten neue Steuern, wohingegen der Landesherr, gleichsam als Gegenleistung, den Ständen, insbesondere dem Adel, weitreichende Zugeständnisse hinsichtlich seiner lokalen und patrimonialen Herrenstellung in den ländlichen Gutswirtschaften und Gutsbesitzungen machte. Dies manifestierte sich im Ausbau der gutsherrlichen Ziviljustiz (*Patrimonialgerichtsbarkeit*) ebenso wie bei der Stabilisierung des adligen Kirchen- und Schulpatronats gegenüber den bäuerlichen Untertanen.

III. Hohenzollernherrschaft im konfessionellen Zeitalter (1499–1640)

Kulturelle Kräfteformierung. Im Verlauf der ersten vier Jahrzehnte des 16. Jahrhunderts vollzog sich im Rahmen der kurbrandenburgischen Hohenzollernherrschaft eine Reihe einschneidender Wandlungen, deren Resultate für die Folgezeit maßgebliche Bedeutung erlangen sollten. Mit dem seit 1499 amtierenden Joachim I. (1484–1535) gelangte – vorbereitet durch seinen bildungsbeflissenen Vater Johann Cicero – ein hohenzollernscher Kurfürst zur Regierung, der sich durch ausgeprägte geistige und künstlerische Interessen empfahl und damit eine Tradition begründete, die – mehr oder weniger stark – im Hohenzollernhaus hinfort immer wieder zum Tragen gekommen ist. Als Freund und Förderer humanistischer Wissenschaftspflege, mit besonderer Neigung zur Astrologie und zur Jurisprudenz, stand Kurfürst Joachim I. mit führenden zeitgenössischen Gelehrten in persönlichem Kontakt und brieflichem Austausch – so mit dem Astronomen Johannes Carion (1499–1538) oder dem Geschichtsschreiber Johannes Trithemius (1462–1516), die er beide an seinen Hof nach Berlin bzw. Cölln verpflichtete. In diesen Zusammenhang gehörte auch die von Joachim I. maßgeblich betriebene Eröffnung der *Viadrina* in Frankfurt an der Oder 1506, der ersten brandenburgischen Landesuniversität und letzten Universitätsgründung im Heiligen Römischen Reich vor Beginn der Reformation.

Die intellektuellen und kulturellen Interessen Joachims I. wurden von seinem Sohn und Nachfolger Joachim II. (1505–1571) geteilt. Während seiner Regierungszeit erlebte die bildende Kunst in Brandenburg erstmals einen deutlich sichtbaren Aufstieg, dessen Mittelpunkt der Neubau des Berlin-Cöllner Stadtschlosses an der Spree bildete. Zwischen 1442 und 1451 vom zweiten Hohenzollernherrscher in der Mark, Friedrich II., als kurfürstliche Residenz errichtet, wurde es von Joachim II. ab 1538 als

Kürfürst Joachim II., Gemälde von Lucas Cranach d. J., um 1551

zweiflüglige Anlage mit reicher Fassadenbemalung unter Leitung des aus Sachsen stammenden Architekten Caspar Theiss (1510–1560) großzügig erweitert. Als typischer Renaissancefürst betrieb Joachim II. darüber hinaus eine aufwendige höfische Repräsentation. Es entstanden Jagdschlösser in Köpenick (ab 1558) und im Grunewald (ab 1542), die als Kulissen für Turniere, Feuerwerke, Wettrennen und prunkvolle Festlichkeiten dienten. Auch Musik und Malerei erfuhren reiche Förderung, wobei hier noch keine einheimischen Künstler hervorgetreten sind. Bilder und Maler wurden vielmehr aus Nürnberg nach Berlin «importiert».

Ausbau der Landesverwaltung. Parallel zu dieser kulturellen Kräfteformierung – und nicht unbeeinflußt von der riesigen Schuldenlast, die durch Joachims II. kostspieliges Repräsentations- und Luxusbedürfnis entstanden war – erfolgte während des 16. Jahrhunderts die Festigung des brandenburgischen Landesstaates zunächst und vor allem mittels Straffung der Verwaltung. Schon seit Mitte des 15. Jahrhunderts hatte der Schwerpunkt der obersten Landesverwaltung in der (1333 erstmals organisierten) kurfürstlichen *Kanzlei* gelegen, wobei die kurbrandenburgischen *Kanzler* bis zum Beginn des 16. Jahrhunderts, der ursprünglichen Herkunft der Hohenzollern folgend, zumeist noch aus Franken stammten. Staatspolitisch wichtige Materien wurden in der kurfürstlichen *Kammer* vom Herrscher persönlich bearbeitet, doch besaßen die *Kanzler* seit Mitte des 15. Jahrhunderts als die tatsächlichen Leiter der Landesverwaltung umfangreiche Kompetenzen. Landes- und Hofverwaltung waren bis zum Erlaß der Hof- und Kanzleiordnung Joachims II. 1537 nicht strikt voneinander getrennt. Die Inhaber von Hofämtern, etwa der *Hofkammermeister* oder der *Hofmarschall*, hatten auch Aufsichtsfunktionen in der allgemeinen Verwaltung zu erfüllen. Daneben gab es eine eigene *Amtskammer* zur Verwaltung der Einkünfte aus kurfürstlichen *Domänen* (Landbesitz) und *Regalien* (Zölle).

Eine entscheidende Zäsur auf dem Weg zur Konsolidierung monarchisch-gesamtstaatlicher Herrschaft markierte die Bildung des *Geheimen Rats* durch Kurfürst Joachim Friedrich 1604. Die damit verbundene Reorganisation der kurbrandenburgischen Staatsverwaltung entsprach einem generellen Epochentrend zur Festigung und Vereinheitlichung der Landesherrschaft, wie er sich, mit leichter zeitlicher Verschiebung, in den meisten fürstlichen Territorialstaaten des Reiches damals durchzusetzen begann – so im benachbarten Kurfürstentum Sachsen bereits seit 1574, in der Landgrafschaft Hessen-Kassel 1609, in der Landgrafschaft Hessen-Darmstadt 1617. Als einer ministeriell geführten Kollegialbehörde oblag dem kurbrandenburgischen *Geheimen Rat* – neun *Geheime Räte* berieten den Landesfürsten unter Vorsitz des *Kanzlers* – die Besprechung und Bearbeitung der wichtigsten inneren Verwaltungsangelegenheiten und auswärtigen Geschäfte, wozu Finanz- und Steuerfragen ebenso gehörten wie Probleme der Handels- und Heeresorganisation. Aus dem Gremium des *Geheimen Rats* entwickelte sich später die oberste zentrale Verwaltungsbehörde des kurbrandenburgischen Gesamtstaates. Der Kurfürst war bei den Sitzungen des *Geheimen Rats* zumeist selbst anwesend. Dadurch wurde das fürstliche Alleinentscheidungsrecht akzentuiert und langfristig garantiert.

Einführung der Reformation. Für die Stellung Kurbrandenburgs in der Reichspolitik wie überhaupt für die weiteren Entwicklungsperspektiven des Landes waren Verlauf und Ergebnis des Reformationsgeschehens von ausschlaggebender Bedeutung. Während Kurfürst Joachim I. zu den erbittertsten Gegnern Martin Luthers zählte und dem Vordringen der neuen Lehre in Brandenburg Einhalt zu gebieten versuchte, schloß sich sein Sohn und Nachfolger Joachim II. 1538, im Einverständnis mit den kurbrandenburgischen Landständen, der Reformation an – wohl eher aus machtpolitischem Kalkül, weniger infolge innerer Überzeugung. Schon 1540 wurde für das Kurfürstentum Brandenburg eine evangelisch-lutherische Kirchenordnung erlassen. Reichspolitisch indes bemühte sich Joachim II. zeitlebens um Ausgleich und Vermittlung in Religionsfragen und, soweit und solange dies möglich schien, um eine konfessionsneutrale Position, was im übrigen seinem auch in anderen Fragen außerordentlich wendigen, jede Extremposition meidenden politischen Stil entsprach. Die brandenburgischen Kurfürsten gehörten seitdem, gemeinsam mit dem benachbarten Kurfürsten von Sachsen und dem Landgrafen von Hessen, zu den bedeutendsten evangelisch-lutherischen Territorialherren des Reiches. Anders als die hessischen und sächsischen Nachbarn profilierten sich die Brandenburger in den kommenden Religionskämpfen der 1540er und 1550er Jahre allerdings nicht als protestantische Aktivisten und hielten sich den Weg zu einer Verständigung mit dem katholischen Kaiser stets offen.

Im übrigen brachte der Übertritt zum evangelisch-lutherischen Bekenntnis den brandenburgischen Kurfürsten, wie vielen anderen zeitgenössischen Monarchen innerhalb und außerhalb Deutschlands, mancherlei handfeste Vorteile. Durch die Einziehung von Vermögen, Besitz und Liegenschaften aufgelöster geistlicher Institutionen, besonders der Klöster, konnte seitens des Landesfürsten ein erheblicher materieller Gewinn verbucht werden. Zudem übernahmen die Hohenzollern 1538 das landesherrliche Kirchenregiment (*Summepiskopat*). Sie waren seitdem – bis zum Ende der Monarchie im November 1918 – Oberste Bischöfe der evangelisch-lutherischen Landeskirche ihres Staates. Dadurch wurde die gesamte Kirchenstruktur in engsten Bezug zu ihrem weltlichen und geistlichen Oberhaupt, eben dem jeweiligen brandenburgischen Kurfürsten und späteren preußischen König, gebracht. Der innere Zusammenhalt des Staatsgefüges und die monarchische Autorität des Landesherrn erfuhren so eine nachhaltige und dauerhafte Stärkung.

Zwischen Luthertum und Calvinismus. Den durch höfischen Glanz und prunkvolle Repräsentation beeindruckenden Kurfürsten Joachim I. und Joachim II. folgten in den fünf Jahrzehnten vor Ausbruch des Dreißigjährigen Krieges drei kurbrandenburgische Regenten, die sich allesamt als typische Fürsten der deutschen Spätrenaissance auswiesen und in ihren Qualitäten wie in ihren Fehlern nicht über den zeitgenössischen reichspolitischen Durchschnitt hinausragten.

Kurfürst Johann Georg (1525–1598) hatte nach seinem Regierungsantritt 1571 zunächst damit zu kämpfen, die enorme, von beiden Amtsvorgängern angehäufte Schuldenlast zu verringern, was ihm durch eine rigoros betriebene Sparpolitik allmählich auch gelungen ist. Als Musterbeispiel eines frommen, biederen und friedliebenden evangelischen «Betefürsten» der zweiten Generation erwies er sich als überzeugter Anhänger der lutherischen Orthodoxie, zugleich als ein treu zu Kaiser und Reich stehender Politiker, ohne hier allerdings nachhaltige Aktivitäten zu entwickeln. Das wohl wichtigste Ereignis in seiner knapp dreißigjährigen Regierungszeit bildete – kurz nach seiner Amtsübernahme 1571 – die Rückgliederung der *Neumark*. Dieses Territorium, ein östlich der mittleren Oder gelegenes Kerngebiet der Mark Brandenburg, war durch Kurfürst Joachim I. testamentarisch seinem (zweiten) Sohn Johann (Hans) zugesprochen worden. Es wurde infolgedessen 1535, nach Joachims I. Tod, vom kurbrandenburgischen Territorium abgetrennt, als *Markgrafschaft Brandenburg-Küstrin* durch Jo-

Kurfürst Johann Sigismund,
Kupferstich von Crispin de Passe d. Ä.

hann I. (Hans) von Küstrin (1513–1571) eigenständig verwaltet und zu einer florierenden Landesherrschaft ausgebaut. Nach Johanns I. kinderlosem Tod 1571 fiel die Neumark an den kurbrandenburgischen Zweig der Dynastie, mithin an den soeben inthronisierten Johann Georg, zurück – unter Wahrung verwaltungsmäßiger Autonomie und Aufrechterhaltung ständischer Privilegien. Im *Geraer Hausvertrag* (1598) wurde dann die Unteilbarkeit des kurfürstlichen territorialen Gesamtbesitzes für alle Zukunft festgeschrieben.

Der seit 1598 amtierende Kurfürst Joachim Friedrich (1546–1608) setzte die um einen inneren Landesausbau bemühte Politik seines Vaters ebenso fort wie dessen reichspolitische Leisetreterei. Darüber hinaus steht sein Name für den Beginn einer erstmals in größerem Umfang betriebenen kurbrandenburgischen Industrialisierungspolitik. Um die wirtschaftliche Leistungsfähigkeit des Landes zu stärken, förderte der Kurfürst die Trockenlegung von Sumpfgebieten und kümmerte sich um eine Verbesserung der Infrastruktur, wovon Straßenbau, Wasserwege und Kanalverbindungen gleichermaßen profitierten.

Trotz der reichspolitischen Zurückhaltung Joachim Friedrichs wurde Kurbrandenburg zu Beginn des 17. Jahrhunderts, in den Jahren und Monaten unmittelbar vor Ausbruch des Dreißigjährigen Krieges, in die großen konfessionellen Auseinandersetzungen der Epoche verwickelt. Während der kurzen Regierungszeit des politisch wenig talentierten und zusehends der Trunksucht verfallenden Kurfürsten Johann Sigismund (1572–1619, reg. seit 1608), gelang den brandenburgischen Hohenzollern der für die zukünftige Entwicklungsrichtung des Landes ausschlaggebende Ausgriff über das Territorium der Mark Brandenburg hinaus – sowohl in die nordwestliche als auch in die nordöstliche Randzone des Reiches, an den Niederrhein und nach Ostpreußen.

Konfessionswechsel der Dynastie. In beiden Fällen beruhten die kurbrandenburgischen Gebietsansprüche auf einer dynastischen Eheschließung. Seit seiner Heirat mit Anna von Preußen (1576–1625), der politisch ambitionierten Erbin der am Niederrhein gelegenen Herzogtümer Jülich und Kleve (1594), besaß der brandenburgische Kurfürst die Anwartschaft auf jene wirtschaftlich leistungsstarken, infrastrukturell gut erschlossenen und sich durch einen beinahe frühbürgerlich anmutenden Wohlstand empfehlenden Besitzungen an der Westgrenze des Reiches, im unmittelbaren Einzugsfeld des aufkommenden niederländisch-spanisch-französischen Interessenkonflikts. Es waren nicht zuletzt die Verlockungen dieser niederrheinischen Anwartschaft, die Kurfürst Johann Sigismund 1613 dazu bewogen, vom Luthertum zum Calvinismus zu konvertieren, denn die Bevölkerung der begehrten niederrheinischen Herzogtümer bekannte sich mehrheitlich zum reformierten Glauben. 1609 trat der Erbfall ein, 1614, im *Vertrag von Xanten*, gelangten Kleve, Mark und Ravensberg nach jahrelangen Streitigkeiten dauerhaft zu Kurbrandenburg. Sie bildeten seitdem als hohenzollernsche Westprovinzen die «Nebenlande» der Monarchie. Die Herzogtümer Jülich und Berg wurden erst 1815 preußischer Besitz.

Der Konfessionswechsel von 1613 galt freilich nur für das kurbrandenburgische Herrscherhaus, nicht hingegen für dessen evangelisch-lutherische Untertanen. Der Kurfürst verzichtete stillschweigend auf das ihm seit 1555 reichsrechtlich zustehende *jus reformandi*, welches ihm nahelegte, der Bevölkerung seines Landes ein einheitliches religiöses Bekenntnis vorzuschreiben. Der Herrscher versah diesen Schritt mit einem bezeichnenden Kommentar: «Auch», so ließ Johann Sigismund in seiner *Confessio Sigismundi* (1616) verlauten, «wollen Seine Kurfürstlichen Gnaden zu diesem Bekenntnis keinen Untertanen öffentlich oder heimlich wider seinen Willen zwingen, sondern den Kurs und Lauf der Wahrheit Gott allein befehlen, weil es nicht an Rennen und Laufen, sondern an Gottes Erbarmen gelegen ist» (Schoeps, 1966, S. 29). Zugleich jedoch blieb er weiterhin Oberster Bischof der evangelisch-lutherischen Landeskirche Kurbrandenburgs. Diese spezifische, im Heiligen Römischen Reich damals singuläre Konstellation, die den hohenzollernschen Landesherrn hinfort eine andere Konfession praktizieren ließ als sie die Mehrheit seiner Landeskinder besaß, sollte für die in Brandenburg-Preußen später so sprichwörtlich werdende Handhabung des Toleranzprinzips in Theorie und Praxis grundlegende Bedeutung erlangen.

Das Herzogtum Preußen. Noch ein weiterer territorialer Zuwachs trug damals, unmittelbar am Vorabend des Dreißigjährigen Krieges, maßgeblich zum späteren Aufstieg der Hohenzollernherrschaft bei: die 1618 vollzogene Erwerbung des Herzogtums Preußen. Es war dies jenes Territorium, das vom ehemaligen, seit 1226 bestehenden Deutschordensstaat – nach dessen verheerenden militärischen Niederlagen gegenüber der polnisch-litauischen Unionsmacht – im *Zweiten Thorner Frieden* 1466 übriggeblieben war und später dem preußischen Gesamtstaat seinen Namen verleihen sollte. Auch dorthin, ins Land zwischen Weichsel und Memel, in die nachmalige Provinz Ostpreußen, hatte es die Hohenzollern nicht sogleich verschlagen. Erneut war es ein Angehöriger der fränkischen Linie der Dynastie – Albrecht, Markgraf von Brandenburg-Ansbach (1490– 1568) –, dessen Wahl zum *Hochmeister* des *Deutschen Ordens*

III. Hohenzollernherrschaft im konfessionellen Zeitalter (1499–1640)

1511 dafür sorgen sollte, daß sich die Hohenzollern dauerhaft in Königsberg etablieren konnten. Nach mehreren persönlichen Begegnungen mit Martin Luther trat Albrecht ins reformatorische Lager über und folgte 1525 Luthers Rat, den Deutschordensstaat in ein weltliches evangelisches Erbherzogtum zu verwandeln. Albrecht wurde auf diese Weise «Herzog in Preußen» und machte während seiner langen, bis 1568 dauernden Regierungszeit aus seinem kleinen Land einen protestantischen Musterstaat. Die Gründung der Universität Königsberg 1544 ging maßgeblich auf seine persönliche Initiative zurück, die Stadt selbst wurde unter ihm zu einem Zentrum humanistischer Kultur. Da ihm sein von zunehmender Geisteskrankheit gezeichneter, zuletzt amtsunfähiger Sohn Albrecht Friedrich (1553–1618) folgte, mußte das Herzogtum Preußen von einem Administrator verwaltet werden. Doch Herzog Albrecht hatte mittels dynastischer Eheverbindungen dafür Sorge getragen, daß sein Land im Fall des zu erwartenden Erlöschens des herzoglich-preußischen Hauses den brandenburgischen Hohenzollern als Besitz zufiel. Wie schon im Fall der niederrheinischen Erbschaft ergaben sich auch hier die Ansprüche Kurbrandenburgs aus der Heirat Johann Sigismunds mit Anna, der Enkelin Albrechts und Tochter Albrecht Friedrichs. Der Erbfall trat 1618 ein, nach dem Tod Albrecht Friedrichs. Kurfürst Johann Sigismund, zu diesem Zeitpunkt infolge eines Schlaganfalls bereits kaum noch regierungsfähig, war erneut der Nutznießer.

Es bedurfte noch vieler Jahrzehnte, bis der neue Landesteil mit den kurbrandenburgischen Stammlanden, zu denen es (bis 1772) keine gemeinsame Landverbindung gab, zu einem gemeinsamen Staat verschmolz. Überdies unterstand das nun zu Brandenburg gehörende Herzogtum Preußen formal weiterhin der Lehensoberhoheit des polnischen Königs. Es war mithin nicht vollständig souverän. Erst 1656, im *Vertrag von Wehlau* (mit Schweden) bzw. 1657 im *Vertrag von Labiau* (mit Polen), erlangte Kurbrandenburg die volle Souveränität über den 1618 neu erworbenen Landesteil. Da das Herzogtum Preußen als Lehen der polnischen Krone nicht zum Reichsverband gehörte und ihm auch weiterhin fernbleiben sollte, stand der brandenburgische Kurfürst als

«Herzog in Preußen» rangmäßig über den meisten anderen Territorialfürsten des Heiligen Römischen Reiches und galt – in seiner Funktion als herzoglich-preußischer Landesherr – als europäischer Souverän. Dies wiederum sollte später, im Rahmen der Erlangung der hohenzollernschen Königswürde 1701, eine Rolle spielen.

Dreißigjähriger Krieg. Der 1618 beginnende Dreißigjährige Krieg erreichte Brandenburg-Preußen erst im Winter 1626/27. Dafür wütete er dort umso heftiger. Dies lag zum Teil daran, daß sich das Staatsgebiet damals noch in eine sehr ungefestigte Ländergruppe aufgliederte. Es war dreigeteilt in einen westlichen Teil (mit Kleve, Mark und Ravensberg), einen mittleren Teil (die Mark Brandenburg) und einen östlichen Teil (das Herzogtum Preußen). Zwischen diesen drei Landesteilen gab es keine gemeinsamen Grenzen und außer dem Herrscherhaus, den brandenburgischen Hohenzollern, keine länderübergreifenden Institutionen. Wohl jedoch waren in den einzelnen Landesteilen eine Menge trennender lokaler Traditionen vorhanden, und die jeweiligen regionalen, aristokratisch dominierten Ständevertretungen besaßen ein hohes Maß an politischem Mitwirkungsrecht und Mitsprachewillen. Darüber hinaus dürfte es an der schwächlichen und kleinmütigen Politik des seit 1619 regierenden Kurfürsten Georg Wilhelm (1595–1640) gelegen haben, daß das Land zunehmend von feindlichen Heeren verwüstet, demographisch dezimiert und ökonomisch ausgelaugt wurde. Georg Wilhelm bemühte sich zunächst um Neutralität im großen konfessionspolitischen Ringen. 1627 entschied er sich für die katholisch-habsburgische Seite, ab 1633 neigte er zum Schulterschluß mit den deutschen Protestanten, vollzog dann aber 1636 einen erneuten Frontwechsel und kämpfte – als Feldherr weithin glücklos – gegen die Schweden. Erst 1640, mit dem Amtsantritt des Großen Kurfürsten Friedrich Wilhelm, begannen sich die inneren Koordinaten und die äußeren Zielvorgaben des Hohenzollernstaates grundlegend zu verändern.

IV. Vom Kurfürstentum zum Königreich (1640–1701)

Der Große Kurfürst. Friedrich Wilhelm (1620–1688) erwies sich als ein außergewöhnlich ehrgeiziger Herrscher und war der erste wirklich bedeutende Repräsentant der nun immerhin schon 225 Jahre in der Mark Brandenburg regierenden Hohenzollerndynastie. Sein Amt übernahm er im Alter von 20 Jahren und sollte es fast ein halbes Jahrhundert lang ausüben. Während seiner Jugend hatte er, als Urenkel Wilhelms I. von Oranien (1533–1584), vorübergehend (von 1634 bis 1638) in den nördlichen Niederlanden gelebt und dort kurze Zeit (1636) an der Universität Leiden studiert. Die Niederlande galten damals als das ökonomisch, militärisch und geistig führende Land Europas. Auch dem jungen Hohenzollernprinzen sind sie zu einem Leitbild geworden. Die bildungsmäßigen und kulturellen, politischen, wirtschaftlichen und religiösen Eindrücke, die er hier zu sammeln vermochte, waren für ihn zeitlebens von Gewicht. Es war kein Zufall, daß seine erste Ehefrau Luise Henriette (1627–1667) eine Prinzessin aus dem glaubensverwandten (calvinistischen) Haus der Oranier gewesen ist. Auch die (freilich ephemer bleibenden) späteren maritim-kolonialpolitischen Unternehmungen des Großen Kurfürsten, die 1682 in der Gründung der brandenburgischen Handelsniederlassung *Groß-Friedrichsburg* in Guinea gipfelten, verdankten dem niederländischen Konkurrenzbeispiel wesentliche Impulse.

Erfahrungen und Ziele. Unauslöschlich blieben für den Großen Kurfürsten Friedrich Wilhelm die Erlebnisse des Dreißigjährigen Krieges. Früh schon hatte der neue Herrscher erkannt, daß sein territorial zersplittertes Land ohne natürliche Grenzen jeglichen Übergriffen fremder Mächte preisgegeben war. Gerade die Friedensregelung von 1648, die das dreißigjährige Blutvergießen in

Deutschland und Europa beendet hatte, offenbarte dem Berliner Monarchen, daß man als Herrscher ohne eigene Machtinstrumente auf dem Parkett der europäischen Diplomatie keinen Staat machen konnte. Damals, in Münster und Osnabrück, waren den Kurbrandenburgern zwar einige bescheidene Territorialgewinne in Mitteldeutschland zugesprochen worden – so das Bistum Halberstadt, das Fürstentum Minden und die Anwartschaft auf das Erzbistum Magdeburg (realisiert 1680). Darüber hinaus hätte das im Nordosten angrenzende Pommern gleichfalls in brandenburgische Hände übergehen müssen. Ähnlich wie schon im Fall der niederrheinischen und der herzoglich-preußischen Besitzungen besaßen die Hohenzollern unanfechtbare Erbansprüche auf dieses Land, dessen (seit 1181) regierendes herzogliches Haus – die Dynastie der Greifen – 1637 ausgestorben war. Doch Schweden, zu jener Zeit eine europäische Führungsmacht, verhinderte die Einlösung des Erbes. Nur Hinterpommern gelangte 1648 an Brandenburg. Vorpommern und die Insel Rügen blieben bis 1815 in schwedischer Hand.

Solche Erfahrungen führten den Großen Kurfürsten zu Einsichten, denen er im Verlauf seiner gesamten Regierungszeit Rechnung zu tragen versuchte. Sie bildeten die Leitlinien eines politischen Programms, das sich in drei Maximen zusammenfassen läßt. Erstens: Zur äußeren Machtentfaltung bedurfte es der organisatorischen Straffung und institutionellen Bündelung aller politischen Kräfte im Innern. Zweitens: Eine effektive Landesverteidigung war nur möglich durch den Aufbau einer schlagkräftigen Armee. Drittens: Zur Durchsetzung eigener politischer Ziele waren Bündnisse mit auswärtigen Mächten unerläßlich. So simpel und unspektakulär sich diese drei kurfürstlichen Leitlinien in der Rückschau ausnehmen mochten – aus der Perspektive der Zeitgenossen erschienen sie überaus ambitioniert und waren keineswegs von Anfang an zum Erfolg verdammt.

Ständepolitik. Mit großer Entschiedenheit strebte Kurfürst Friedrich Wilhelm danach, die einzelnen Territorien seines zersplitterten Staates miteinander zu verklammern. Stärkste Träger regiona-

IV. Vom Kurfürstentum zum Königreich (1640–1701)

len Sonderbewußtseins waren seit jeher die Stände gewesen, die organisierten Interessenvertretungen der jeweiligen Landeseliten. Sie wehrten sich denn auch erbittert gegen die vom Kurfürsten vollzogene Einschränkung ihrer politischen Privilegien und Mitspracherechte. Dabei ging es allerdings um weit mehr als um die vordergründig im Mittelpunkt stehende Frage der ständischen Bewilligung von Steuergeldern (*Kontributionen*) zum Unterhalt eines nach den Erfahrungen des Dreißigjährigen Krieges von kurfürstlicher Seite geforderten *Stehenden Heeres*. Vielmehr rangen zwei unterschiedliche Staatsauffassungen miteinander. Auf der einen Seite stand die (kurfürstliche) Konzeption einer konzentrierten Bündelung aller verfügbaren Machtpotentiale des Landes in einem überterritorial geleiteten dynastischen Gesamtstaat. Auf der anderen Seite fand sich die (ältere und begrenzte) Idee einer dezentralen Landesverwaltung, die das territoriale Eigenleben der verschiedenen Regionen gewahrt wissen wollte. Entsprechende Kämpfe zwischen dem Kurfürsten und den Landständen wurden 1653 in der Kurmark, 1660/61 in Kleve und Mark, 1663 (am heftigsten) in (Ost-)Preußen ausgetragen. Die kurfürstliche Regierung griff dabei mehrfach zu Gewaltmaßnahmen, um die ständischen Ansprüche zurückzuschrauben und um der Herrschergewalt im Interesse der Durchsetzung des Gedankens eines allgemeinen Untertanenverbandes Raum zu verschaffen.

Insgesamt endeten diese Auseinandersetzungen überall mit einem Kompromiß, der sowohl den – vom grundbesitzenden Adel dominierten – Ständen als auch dem Monarchen zugute kam: Letzterer vermochte seine landesherrliche Autorität, besonders in Fragen der großen Politik und des Militärwesens, zu festigen; ersteren wurden wirtschaftliche Vorrechte zugestanden und soziale Privilegien in großem Umfang bestätigt, insofern nun mehr denn je das gutsherrlich-bäuerliche Verhältnis zuungunsten des Bauernstandes verschoben wurde. *Erbuntertänigkeit* und *Schollenbindung*, *Gesindezwang* und *Frondienstpflicht* galten hinfort, zumal in den östlichen Provinzen des Landes, als bestimmende Faktoren der preußischen Agrarverfassung, zu der dann allerdings auch, namentlich im 18. Jahrhundert, ausgeprägte Maßnahmen zum *Bauernschutz* gehören sollten. Bis zu den Reformen der Stein-Hardenbergschen Ära (1807/10) sind an dieser Gewichtung keine grundsätzlichen Veränderungen mehr vorgenommen worden. Während so die ständische Gesellschaftsordnung im absolutistischen Preußen ungeschmälert erhalten blieb, schwand die politische Stellung des Adels dahin. Eine Mitregierung ständischer Korporationen, wie sie im vorabsolutistischen frühen 16. Jahrhundert zumindest noch als Anspruch bestanden hatte, war seit dem letzten Drittel des 17. Jahrhunderts undenkbar.

Stehendes Heer und Finanzverwaltung. Die wohl folgenreichste Entscheidung zur strukturellen Modernisierung seines Staates im Innern traf der Große Kurfürst durch den Aufbau eines schlagkräftigen *Stehenden Heeres*, das ausschließlich seinem Oberbefehl unterworfen war. 1641, ein Jahr nach dem Regierungsantritt, umfaßte die brandenburgische Armee nur wenig mehr als 3000 Mann. 1688, im Todesjahr des Kurfürsten, hatte der Staat bereits 30 000 Soldaten fest unter Waffen. Zeitweise (1678) erreichte das Heer sogar eine Stärke von 45 000 Mann. Sie wurden geführt von einem Offizierkorps, das sich vornehmlich aus einheimischen Adligen zusammensetzte. Bei der Mannschaftswerbung war man hingegen noch lange auf die Rekrutierung ausländischer Söldner angewiesen. Sie erfolgte – wie auch die Aushebung inländischer Soldaten – vielfach unter Anwendung von Zwang und roher Gewalt.

Der kostspielige Truppenunterhalt konnte zudem nur mit Hilfe fremder Geldzahlungen bewerkstelligt werden. Um die laufenden Bedürfnisse der Soldaten zumindest einigermaßen befriedigen zu können, wurde die kurfürstliche Verwaltung gestrafft und umgestaltet. Der (seit 1604) bestehende *Geheime Rat* erhielt 1651 eine neue Geschäftsordnung, die erstmals eine Ressorteinteilung mit fest umschriebenen Zuständigkeitsbereichen vorsah. Es entstand eine hierarchisch strukturierte Behördenorganisation mit *Kriegskommissariaten* für die Steuerverwaltung in den einzelnen Provinzen und (seit 1655) einem *Generalkriegskommissariat* an der Spitze, dessen Zuständigkeitsbereich, unter Einbeziehung wirtschafts- und handelspolitischer Materien, das

IV. Vom Kurfürstentum zum Königreich (1640–1701)

Der Große Kurfürst Friedrich Wilhelm. Reiterstandbild von Andreas Schlüter im Schloß Charlottenburg, 1699–1708

Aufgabenfeld eines Finanz- und Kriegsministeriums gleichermaßen umfaßte und damit zunehmend zentralpolitische Kompetenz gewann. In den Städten sorgten neu installierte *Kriegs- und Steuerräte* als kurfürstliche Aufsichtsbeamte zunächst für die Einbringung von Steuern, zogen dann aber immer mehr Aufgaben der städtischen Verwaltung an sich. Trotz einer Verdreifachung der Staatseinkünfte in Friedrich Wilhelms Regierungszeit geriet die finanzielle Leistungskraft des Landes an die Grenzen des Erträglichen – zumal die vom Kurfürsten vorgesehene Vereinheitlichung des Steuersystems nur teilweise gelang. In den Städten konnte, nach holländischem Vorbild, eine alle Bürger gleichermaßen belastende Verbrauchssteuer eingeführt werden, die *Akzise* (1660). Sie wurde für Güter des täglichen Bedarfs direkt bei der Wareneinfuhr am Stadttor erhoben und seit 1684 verbindlich (*General-Steuer- und Konsumptions-Ord-*

nung). Auf dem Land hingegen blieb es bei den herkömmlichen öffentlichen Abgaben, den *Kontributionen*, von denen der Adel bis 1799 befreit blieb.

Außenpolitik. Die auswärtige Politik des Großen Kurfürsten Friedrich Wilhelm hinterließ schon bei den Zeitgenossen den verstörenden Eindruck von Unzuverlässigkeit und prinzipienlosem Machiavellismus. Jähe Bündniswechsel, plötzliche Neujustierungen der allgemeinen Generallinie sowie ein von Schwankungen und Unbeständigkeiten geprägter Politikstil schienen sein diesbezügliches Handeln weithin zu dominieren. Tatsächlich hat Friedrich Wilhelm zu keinem Zeitpunkt seines Lebens über ein souveränes außenpolitisches Gestaltungsvermögen verfügt. Stets war er genötigt, sich jenen Machtverhältnissen anzupassen, die andere, überlegenere Staaten geschaffen hatten. Sein feststehendes territoriales Ziel hat er jedoch, bei aller vermeintlichen Unbeständigkeit seiner Politik, dauernd im Blick behalten: die Erwerbung Vorpommerns. Sie galt ihm als notwendige Ausgangsbasis für eine ambitionierte brandenburgisch-preußische Handels- und Seemachtpolitik, deren Erlangung er durch Kooperation mit allerdings mehrfach wechselnden Bündnispartnern ebenso rast- wie erfolglos zu betreiben versuchte.

Zwischen Schweden und Frankreich. Im *Ersten Nordischen Krieg*, den Schweden von 1655 bis 1660 gegen Polen und Dänemark führte, stand der brandenburgische Kurfürst zunächst auf schwedischer Seite, wechselte aber mitten im Krieg ins gegnerische Lager. Immerhin erreichte er dadurch, daß ihm von beiden miteinander streitenden Parteien die Souveränität über sein 1618 erworbenes Herzogtum Preußen garantiert wurde. Mit den Schweden ist er erneut 1675 aneinandergeraten, als diese in die Mark Brandenburg einfielen, und als es ihm zum Erstaunen ganz Europas gelang, die Eindringlinge in der *Schlacht von Fehrbellin* (28. Juni 1675) an der Spitze seiner neu formierten Heeresmacht in die Flucht zu schlagen. Friedrich Wilhelms Soldaten vertrieben die Schweden aus Vorpommern und besetzten die Insel Rügen. Damals wurde der Brandenburger in einem elsässischen Volkslied erstmals als «Großer Kurfürst» besungen. Bald jedoch mußte er die siegreich errungene Kriegsbeute wieder an die Schweden zurückgeben – auf Geheiß Frankreichs, im *Frieden von Saint Germain-en-Laye* (29. Juni 1679). Die Franzosen mochten damals einen Gesichts- und Gebietsverlust ihres nordischen Verbündeten nicht dulden.

Überhaupt erwies sich das Verhältnis zum Frankreich Ludwigs XIV. (1638–1715) immer deutlicher als das Hauptproblem kurbrandenburgischer Außenpolitik. Zwischen beiden Ländern gab es im Prinzip keine gemeinsamen Interessen. Der Bourbone stand im katholischen, der Hohenzoller hingegen im evangelisch-reformierten Lager, und beide Seiten bekämpften einander in der zweiten Hälfte des 17. Jahrhunderts erbittert. Die Pariser Begehrlichkeiten richteten sich auf deutsche Reichsterritorien im Elsaß, in Berlin indes war Friedrich Wilhelm als einer der sieben Kurfürsten zur strikten Wahrung der territorialen Integrität des Reiches verpflichtet. Ludwig XIV. wollte den Brandenburger zu einem Vasallen Frankreichs machen, Friedrich Wilhelm jedoch strebte danach, die französische Politik als deren Alliierter eigenständig zu beeinflußen.

Trotz solch gegensätzlicher Grundorientierungen haben die beiden Herrscher zwischen 1664 und 1684 nicht weniger als acht Bündnisverträge und Neutralitätsabkommen miteinander geschlossen. Kurbrandenburg geriet dabei allerdings immer stärker in den Sog französischer Weltmachtambitionen. Die Annäherung ging so weit, daß der brandenburgische Kurfürst gegen Erhalt hoher Geldsummen dem Bourbonen freie Hand bei dessen Plünderungen und Raubzügen im Elsaß gewährte – bis hin zur Annexion Straßburgs durch Frankreich 1681. Brandenburg-Preußens Sonderinteressen wurden hier auf nicht unbedingt ruhmvolle Weise der Wahrung von Reichsrechten übergeordnet. Erst als sich Ludwig XIV. anschickte, Holland zu erobern, kam der Kurfürst zur Besinnung. Einen Angriff Frankreichs auf das glaubensverwandte und seit frühen Kindertagen vertraute Land der Oranier wollte er nicht hinnehmen. So schloß Brandenburg-Preußen 1686 ein Abkommen mit dem habsburgischen Kaiser, dem traditionellen Feind Frankreichs, versprach

Hilfestellung beim Kampf gegen die Türken und beteiligte sich an den Vorbereitungen zur Landung Wilhelms III. von Oranien (1650–1702) in England. All das trug nun eine eindeutig antifranzösische Stoßrichtung.

Asylpolitik. Zur schließlich erfolgten Abkehr von Frankreich mochte auch dessen konfessionspolitisches Gebaren beigetragen haben. 1685 hatte Ludwig XIV. das *Edikt von Nantes* aufgehoben, mit welchem sein Großvater Heinrich IV. (1553–1610) 1598 den französischen Protestanten, den Hugenotten, einst Gewissens- und Kultfreiheit garantiert hatte. Tausende hugenottischer Glaubensflüchtlinge mußten daraufhin ihre angestammte Heimat verlassen. Kurfürst Friedrich Wilhelm bot den Verfolgten durch sein daraufhin erlassenes *Edikt von Potsdam* (8. November 1685) ohne Zögern Asyl an – zu einer Zeit, als beispielsweise im habsburgischen Spanien die katholische Kirche noch Hunderte von vermeintlichen Ketzern dem Feuertod auslieferte. Bis zum Ende des Jahrhunderts sollten mehr als 20 000 Hugenottenflüchtlinge ihren Weg nach Brandenburg-Preußen finden. Die französischen Einwanderer stärkten dort nachhaltig das calvinistische Bevölkerungselement. Mit ihren gruppenspezifischen Fertigkeiten und Begabungen haben sie dem Hohenzollernstaat in den folgenden Jahrhunderten wertvolle Dienste geleistet – auf wirtschaftlichem und militärischem Gebiet ebenso wie im geistig-kulturellen Bereich. Namhafte Vertreter des intellektuellen Lebens in Preußen entstammten französischen Flüchtlingsfamilien – Friedrich de la Motte Fouqué (1777–1843) und Adelbert von Chamisso (1781–1838) ebenso wie Friedrich Gilly (1748–1808) oder Theodor Fontane (1819–1898).

Neustoizismus. Eine Bilanz der Regierungszeit des Großen Kurfürsten Friedrich Wilhelm darf – neben dem militärischen und dem politischen Aufbauwerk – nicht jene Verbindungslinien unerwähnt lassen, die damals zum geistigen Leben der europäischen Nachbarn im Westen geknüpft wurden, vor allem zu den Niederlanden. Von dort aus gelangten die philosophisch-politischen Ideen des *Neustoizismus* nach Brandenburg-Preußen.

IV. Vom Kurfürstentum zum Königreich (1640–1701)   37

Deren Hauptvertreter Justus Lipsius (1547–1606) verfocht in seinen einflußreichen und weitverbreiteten Schriften (*De constantia libri duo*, 1584; *Politicorum sive civilis doctrinae libri sex*, 1589) eine rigorose Pflichtenethik, die auf Disziplin und Selbstkontrolle, auf Arbeit und Askese setzte und nicht nur bei den Niederländern selbst, sondern auch im calvinistischen Milieu Berlins zahlreiche Anhänger fand. Auch der Kurfürst versuchte im Sinn dieser «Niederländischen Bewegung» (Oestreich, 1964, S. 101), Irrationalität und Leidenschaftlichkeit seines Handelns zugunsten der Verstandes- und Vernunftkräfte zurückzudrängen. Gelungen ist ihm dies nicht immer. Doch der Wille dazu war vorhanden, zumindest im Kreis seiner persönlichen und dienstlichen Umgebung, seiner Familie, Berater und Mitarbeiter, am Hof und in Teilen des Beamtentums. Die vom Neustoizismus geforderte Sammlung und Anspannung aller verfügbaren Kräfte im Interesse von Tat und Leistung sollte jedenfalls schon sehr bald zu einem charakteristischen Merkmal dessen zählen, was man später als Markenzeichen des Hohenzollernstaates identifiziert hat.

Barocke Fürstenherrschaft. Nach dem Tod des Großen Kurfürsten Friedrich Wilhelm 1688 gelangte mit dessen Sohn Friedrich (1657–1713), dem späteren ersten preußischen König, eine Persönlichkeit zur Regierung, die erst relativ spät auf den zukünftigen Herrscherberuf vorbereitet worden war. Der ursprünglich vorgesehene, bestens ausgebildete und hochbegabte brandenburgisch-preußische Thronfolger Kurprinz Karl Emil (1655–1674), der Lieblingssohn des Großen Kurfürsten, war, kaum zwanzigjährig, während eines Feldzugs gegen die Franzosen am Rhein einer Krankheit erlegen. Erst seitdem figurierte Friedrich als Thronerbe. Er war, damals wie später, alles andere als eine glänzende Erscheinung. Von Geburt an litt er am körperlichen Mangel einer Rückgratverkrümmung, war schief und verwachsen und versuchte seine äußere Unansehnlichkeit mittels voluminös auftoupierter Perücken und prachtvoll überbordender Gewandung zu tarnen. Daraus erklärte sich wohl auch das ihn zeitlebens dominierende Bedürfnis nach Glanz und Größe, nach höfischem Prunk, gravitätischem Zeremoniell und prononcierter Etikette. Und vielleicht fand hier sogar sein geradezu obsessiv anmutendes Streben nach fürstlicher Rangerhöhung, gipfelnd im Erwerb der preußischen Königskrone, eine letzte und tiefste Ursache. Andererseits gab es auch objektiv gute Gründe, an der Wende vom 17. zum 18. Jahrhundert eine Aufwertung der eigenen monarchischen Würde zu betreiben.

Politik der Rangerhöhung. Die deutschen Fürstenhäuser veranstalteten damals geradezu eine Art Wettrennen um die Erlangung europäischer Königskronen. 1697 war der den Brandenburgern benachbarte Kurfürst von Sachsen zugleich auch König von Polen geworden. Seit den 1690er Jahren besaßen die hannoverschen Rivalen Aussichten auf den englischen Königsthron, die sich 1714 realisieren ließen. Und auch der Kurfürst von Bayern strebte damals – wenngleich vergeblich – nach einer Königskrone für seine wittelsbachischen Lande. So standen die kurbrandenburgischen Aspirationen auf einen Kronerwerb von Beginn an in einem gesamtdeutschen Kontext. Mehr noch: Sie waren Teil einer europäischen Statuskonkurrenz.

Zudem waren im Zeitalter barocker Repräsentation Rangfragen und Standesangelegenheiten beim Verkehr der europäischen Monarchen untereinander stets mehr als eine Sache individueller Eitelkeit. Fürstliche Titel und Würden besaßen im symbolpolitischen, von der Zeichensprache des Zeremoniells beherrschten Handlungsrahmen der höfischen Gesellschaft eine überpersönliche Bedeutung. In den zwischenstaatlichen Beziehungen der Diplomatie wirkten sie wie ein System von Zeichen und Signalen, eine Art zeremonieller *Code*, an dessen Parametern sich Macht und Machtansprüche der miteinander konkurrierenden Fürstenhöfe ablesen ließen. Sie waren Statussymbole von hoher Effektivität, wurden zu Mitteln und Formen politischer Aussagen in einer Welt, die von völlig anderen Wertvorstellungen beherrscht war als die heutige. In diesem Sinn wurde die von Kurfürst Friedrich III. angestrebte Rangerhöhung von den Zeitgenossen durchaus als signifikanter Qualitätsschub für die Stellung des brandenburgisch-preußischen Staates innerhalb des europäischen Mächtekonzerts wahrgenommen.

Kronerwerb und Königskrönung. Seit 1693 verhandelte der brandenburgische Kurfürst mit dem habsburgischen Kaiser über den ihn und seine gesamte Politik beherrschenden Plan der Königserhebung. Sein Vater und Vorgänger, der Große Kurfürst Friedrich Wilhelm, hatte dafür durch seinen 1686 vollzogenen Wechsel vom französischen ins habsburgische Lager unbewußt den Boden bereitet. Nun feilschte man nur noch um die konkreten Modalitäten dieses großangelegten militärisch-politischen Geschäfts – denn um nichts anderes hat es sich bei den Gesprächen zwischen den Vertretern des Hohenzollern und des Habsburgers damals gehandelt.

Der Kaiser benötigte Truppen für seine große Auseinandersetzung im unmittelbar bevorstehenden Krieg mit dem französischen König Ludwig XIV. um die Herrschaft in Spanien und damit um die Vorherrschaft in Europa. Brandenburg-Preußen wiederum konnte seine während der vergangenen Jahrzehnte konsolidierte Heeresmacht ins Feld führen, und so verpflichtete sich Kurfürst Friedrich III. dazu, 8.000 seiner Soldaten zur Verteidigung der habsburgischen Ansprüche auf die auch von Frankreich begehrte Thronfolge in Spanien verfügbar zu halten. Zugleich bekundete er in seiner Eigenschaft als einer der (damals neun) Kurfürsten des Reiches seine Bereitschaft, im Fall einer künftigen Kaiserwahl für den habsburgischen Kandidaten zu stimmen. Als Gegenleistung gewährte ihm der Habsburger nicht nur die Zahlung einer beträchtlichen Summe Geldes, sondern sicherte ihm auch die sofortige Anerkennung des heiß begehrten neuen Ranges zu: *König in Preußen* wurde Friedrich III. im *Krontraktat* vom 16. November 1700 erstmals genannt. Damit war zugleich klar, daß sich der neue hohenzollernsche Titel nicht auf kurfürstlich-brandenburgische, sondern auf herzoglich-preußische Herrschaftsrechte bezog. Denn anders als die Markgrafschaft Brandenburg gehörte das Herzogtum Preußen nicht zum Heiligen Römischen Reich, es war ein souveränes Territorium, mittlerweile unabhängig von jeder lehensrechtlichen Bindung, auch von jener zur Krone Polens, die der Große Kurfürst bereits in den 1650er Jahren zu lösen gewußt hatte.

Die Krönung Friedrichs III. zum *König in Preußen* erfolgte

IV. Vom Kurfürstentum zum Königreich (1640–1701)

Krönungszug Friedrichs I., 18. Januar 1701. Kupferstich von 1712

am 18. Januar 1701 in Königsberg. Friedrich, der sich seitdem, als König, Friedrich I. nannte, setzte sich die eigens dafür gefertigte Krone selbst aufs Haupt. Erst danach wurde er durch zwei neu ernannte Landesbischöfe feierlich gesalbt. Schon am Vortag hatte er den später zu so legendärer Berühmtheit gelangenden *Schwarzen Adlerorden* gestiftet – mit dem zukunftsträchtigen Wahlspruch der Hohenzollernkönige: *Suum cuique* («Jedem das Seine»). Darüber hinaus hatte der Oberzeremonienmeister des kurfürstlich-königlichen Hofes, Johann von Besser (1654–1729), eine prachtvoll bebilderte Schilderung der Königsberger Krönungsfeierlichkeiten verfaßt, die sogleich in Druck ging und der europäischen Öffentlichkeit das Geschehen im fernen Ostpreußen anschaulich vor Augen führen sollte. Alle europäischen Mächte erkannten die neue preußische Königswürde an. Nur der Papst in Rom bequemte sich damit bis zum Jahr 1787, weil er die Rangerhöhung eines evangelischen Fürsten nicht hinnehmen mochte.

Der Preis, den Preußen für all das zu zahlen hatte, war hoch. Das neue Königreich mit seinen rund eineinhalb Millionen Einwohnern war flächenmäßig zwar erheblich größer als die unmittelbar benachbarten Rivalen Kursachsen und Kurhannover.

IV. Vom Kurfürstentum zum Königreich (1640–1701)

Doch reich waren die Brandenburger nie gewesen, und so blieb denn der neue König in Berlin in hohem Maß darauf angewiesen, auch weiterhin seine Soldaten gegen Subsidienzahlungen an fremde Mächte zu vermieten. Brandenburgisch-preußische Truppen kämpften während des *Spanischen Erbfolgekriegs* (1701–1714) im Westen, Süden und Norden Europas, und sie standen auch dort im Kugelhagel, wo keinerlei eigene Interessen zu vertreten waren, etwa in Oberitalien oder in Flandern.

V. Preußischer Hochabsolutismus (1701–1786)

Das Königreich als Kulturstaat. Mit Erlangung der Königswürde 1701 war Brandenburg-Preußen zu einem eigenständigen Faktor der europäischen Staatenwelt geworden. Die ersten drei Inhaber der neuen hohenzollernschen Königswürde im 18. Jahrhundert trugen auf jeweils spezifische und ganz unterschiedliche Weise zum Aufstieg ihres Landes im Konzert der Mächte Europas bei.

Die maßgebliche Bedeutung der Regierungszeit des ersten preußischen Königs Friedrichs I. lag auf einem Gebiet, das im Gesamtrahmen brandenburgisch-preußischer Geschichte bisher eine eher randständige Rolle eingenommen hatte: auf dem Feld der Wissenschaftsförderung und der Kunstpflege. Hier erlangte Brandenburg-Preußen unter Friedrich III. (I.) erstmals europäisches Niveau, und erneut standen dabei ästhetische Gesichtspunkte und politische Zwecke in einem unlöslichen Zusammenhang. Kunstproduktion war in der Epoche des Barock immer zugleich auch Ausdruck eines staatlichen Macht- und Ranganspruchs, Bautätigkeit und Mäzenatentum gerieten zu einer Notwendigkeit politischen Symbolhandelns, zu einer *necessität*, wie der dafür verwendete zeitgenössische Begriff lautete. Nicht zuletzt bot der aufwendige Ausbau der um 1700 etwa 20 000 Einwohner zählenden kurfürstlich-königlichen Haupt- und Residenzstadt Berlin ein probates Mittel, um der neuen Königsherrschaft ein weithin sichtbares urbanes Zentrum zuzuordnen. Auf diese Weise konnte das bisherige hohenzollernsche Länderkonglomerat, zumindest symbolpolitisch, als ein gleichsam vorweggenommenes staatliches Ganzes antizipiert werden.

Das Berliner Schloß wurde durch die von Friedrich III. (I.) nacheinander engagierten Architekten Andreas Schlüter (1660–1714) und Johann Friedrich von Eosander Göthe (1669–1728) zur damals modernsten Residenz Europas ausgebaut. Man legte

Wert darauf, daß es mehr zu sein vermochte als ein bloßer Ort höfischen Lebens und monarchischer Prachtentfaltung. Mit seinen Tagungsräumen und Besprechungszimmern, seinen Kassen und Kanzleien, seinem Archiv und seiner Registratur und, nicht zuletzt, seiner Bibliothek sowie den umfänglichen königlichen Kunstsammlungen war es ein politischer, kultureller und administrativer Mittelpunkt des Hohenzollernstaates. Es bündelte dessen Leistungskraft und spiegelte seine neugewonnene Reputation sichtbar nach allen Seiten. Gründen der Reputation verdankte auch das zwischen 1695 und 1713 entstandene *Schloß Charlottenburg* seine Existenz. Johann Arnold Nering (1659–1695) hatte den Bau als Sommerresidenz für die intellektuell hochstehende Kurfürstin Sophie Charlotte (1668–1705), eine Liebhaberin der Künste und Wissenschaften, entworfen. Eosander Göthe vollendete ihn nach Nerings Tod und schuf damit, nicht zuletzt durch effektvolle Dekoration der Innenräume (*Porzellankabinett*, 1706; *Kapelle*, 1704–1708) und eine am französischen Vorbild orientierte Gartenanlage, den bedeutendsten Barockbau Preußens. Das seit 1951 im Ehrenhof des Schlosses stehende bronzene *Reiterdenkmal des Großen Kurfürsten*, zwischen 1699 und 1708 auf Veranlassung Friedrichs III. (I.) von Schlüter errichtet, bildete ein in seinem künstlerischen Rang dem Bauwerk entsprechendes plastisches Gegenstück.

Wissenschaft und Gelehrsamkeit. Preußens kultureller Rang offenbarte sich während der Regierungszeit seines ersten Königs jedoch nicht nur in der Strahlkraft des hauptstädtischen Residenzengefüges. Er wurde sichtbar in zahlreichen Sektoren des öffentlichen Lebens innerhalb wie außerhalb Berlins. Namhafte Wissenschaftler und Gelehrte wurden damals für den Hohenzollernstaat verpflichtet – so der Historiker Samuel Pufendorf (1632–1694) oder der Staatsrechtslehrer Christian Thomasius (1655–1728). Als Professor an der 1694 gegründeten neuen brandenburgisch-preußischen Landesuniversität Halle verfocht Thomasius die für die spätere Selbstlegitimation des Hohenzollernkönigtums so wegweisende Ansicht, daß der Staat eine natürliche, weltliche Einrichtung sei. Er galt als eine Institution, deren

Gewaltmonopol sich nicht mehr aus göttlicher Übertragung herleitete, sondern auf dem Herrschaftsrecht des Monarchen beruhte, der dieses Recht allerdings im Interesse des öffentlichen Wohls zu handhaben und zum Nutzen aller Bürger auszuüben habe. Gedanklich verwies das bereits auf jene Regierungspraxis, die später, unter Friedrich dem Großen, als *Aufgeklärter Absolutismus* in ganz Deutschland Schule machen sollte.

Auch andere europäische Intellektuelle von Rang zog es damals in die aufstrebende Spree-Metropole – Pierre Bayle (1647–1706) und François Fénelon (1651–1715) aus Frankreich ebenso wie den europaweit bekannten und berühmten Universalgelehrten Gottfried Wilhelm Leibniz (1646–1716), der den Kurfürsten-König bei der Realisierung eines seiner Lieblingsprojekte beriet: der 1700, unter tätiger Anteilnahme der Königin Sophie Charlotte, ins Leben gerufenen *Berliner Akademie der Wissenschaften*. Nimmt man zu alledem noch die gleichfalls vom Hof geförderten Aktivitäten der pietistischen Theologen Philipp Jakob Spener (1655–1705) in Berlin und August Hermann Francke (1663–1727) in Halle mit ihren ambitionierten philanthropisch-pädagogischen Stiftungen – von Schulen und Lehrerseminaren bis zu Waisenhäusern und Krankenpflegeanstalten –, so bot die Regierungszeit des ersten preußischen Königs aufs Ganze gesehen eine Bilanz, die doch sehr von jenem barschen Urteil abstach, das sein Enkel und zweiter Amtsnachfolger über ihn gefällt hat: «Seine Seele», schrieb Friedrich der Große in den selbstverfaßten *Denkwürdigkeiten zur Geschichte des Hauses Brandenburg* (1751) rückblickend über seinen kurfürstlich-königlichen Großvater, «glich den Spiegeln, die jeden Gegenstand zurückwerfen. Er war äußerst bestimmbar. ... Ihm lag mehr an blendendem Glanz als am Nützlichen, das bloß gediegen ist. ... Er zeigte Herrscherpracht und Freigiebigkeit. Aber um welchen Preis ... Er bedrückte die Armen, um die Reichen zu mästen. Seine Günstlinge erhielten hohe Gnadengehälter, während sein Volk im Elend schmachtete ... Er hat auch ein Gebetbuch verfaßt, das aber zu seiner Ehre nicht gedruckt worden ist» (Werke, Bd. 1, 1913, S. 117 f.). Das waren nicht etwa Worte aus dem Mund eines radikalen Republikaners. Hier urteilte immerhin ein regierender Monarch über die Leistungen eines anderen, obendrein noch die eines direkten leiblichen Verwandten. Man muß jedoch kein Verfechter der borussischen Geschichtsauffassung sein, um in den Aktivitäten des ersten Hohenzollernkönigs eines der entscheidenden Fundamente zu erblicken, auf denen Friedrich der Große, Jahrzehnte später, sein eigenes politisches Lebenswerk errichten konnte: den Aufstieg Preußens in den Kreis der europäischen Großmächte.

Regierungswechsel 1713. Zunächst freilich, nach dem Tod Friedrichs I. und dem Regierungsantritt seines – im Vergleich zum Vater – völlig anders veranlagten Sohnes Friedrich Wilhelm I. (1688–1740), war noch nicht abzusehen, ob dem neuen Königreich der Aufstieg in die erste Riege der europäischen Monarchien glücken werde. Der Thronwechsel 1713 erregte in ganz Europa außerordentliches Aufsehen, weil er, zumindest äußerlich, als demonstrativ bekundeter Bruch mit dem Regierungsstil des Vorgängers vollzogen wurde. Der neue Monarch ließ seinen verstorbenen Vater zwar noch mit allem Pomp und Prunk, den dieser so geliebt hatte, feierlich bestatten. Doch dann begann er mit rigorosen Beschränkungen auf nahezu allen Gebieten des Hof- und Staatslebens. Bisher, unter der Schuldenwirtschaft des ersten Königs, hatten sich die Einnahmen des Staates nach der Höhe seiner Ausgaben, das heißt vor allem nach dem Aufwand für die höfische Lebenshaltung, bemessen. Friedrich Wilhelm I. hingegen war der Auffassung, daß sich die Ausgaben von Hof und Staat nach der exakt zu berechnenden aktuellen Finanzlage, dem jährlich aufzustellenden *Etat*, zu richten hätten. Dies wiederum bedeutete konkret, daß man durch sparsames Haushalten die öffentlichen Ausgaben möglichst gering halten müsse, und daß die Krone nicht mehr Geld ausgeben durfte, als sie zuvor an Steuern, Zöllen oder anderen Abgaben eingenommen hatte.

Diese «preußische Lösung» bot, nach den Worten von Norbert Elias (1969, S. 283), «das Gegenbild» zum französischen Modell, wie es in der Privilegiengesellschaft des *Ancien Régime* – mit dem König an der Spitze – vorherrschte. Dort orientierten sich Lebensweise und Finanzgebaren der Führungsschichten seit den Vorgaben Ludwigs XIV. an den Kategorien von «Rang», «Prestige» und «Status», ohne jede Rücksichtnahme auf die Kosten, die der damit verbundene Repräsentationszwang verursachte. Der unbedingte Wille zur Aufrechterhaltung und Sichtbarmachung der eigenen, sozial privilegierten Existenz rangierte bis zur Revolution von 1789 weit vor jedem Gedanken, etwa durch eine gute Haushaltsführung Überschüsse zu erwirtschaften und das dadurch freiwerdende Kapital in die Entwicklung des Landes zu investieren. Genau das aber geschah in Preußen. Die dort realisierte, damals neuartige Konzeption von Staat, Staatsverwaltung und Staatsnutzen sollte länger als sieben Jahrzehnte Geltung besitzen und sich aufs engste mit der bemerkenswerten Persönlichkeit jenes Herrschers verknüpfen, der die Geschicke seines Landes bis 1740 bestimmte.

Charakterprofil und Lebensführung. Friedrich Wilhelm I. erschien – nach einem treffenden Diktum des Historikers Fritz Hartung (1883–1967) – «inmitten des 18. Jahrhunderts ... wie ein seltsamer Wildling, wie ein Felsblock, den eine versunkene Zeit übriggelassen hat» (Hartung, 1942, S. 125). Tatsächlich wirkte ein Monarch, der sich im Zeitalter der Allonge-Perücke, des Veilchenparfüms und der erhöhten Unlust an reinigenden Aktionen allmorgendlich mit eiskaltem Wasser wusch, skurril, ja geradezu barbarisch. Aufgewachsen im Umfeld höfisch-zeremonieller Repräsentation und Prachtentfaltung, hatte Friedrich Wilhelm bereits als Thronfolger eine entschiedene Abneigung gegen jede Art von Luxus, Prunk und Pomp entwickelt und einen beinahe bürgerlich wirkenden Lebensstil gepflegt. Dabei besaß er durchaus künstlerisches Gespür – etwa 40 eigenhändig gemalte Bilder des Königs sind in seinem Lieblingsschloß *Königs Wusterhausen* erhalten geblieben, und der seit 1710 für den preußischen Königshof tätige Portraitist Antoine Pesne (1683–1757) wurde unter Friedrich Wilhelm I. – wie unter dessen Nachfolger – weiterbeschäftigt. Auch «nützliche», anwendungsorientierte Wissenschaften, wie beispielsweise die Medizin oder die Kameralistik, erfreuten sich begrenzter königlicher Förderung. Hingegen wurde der berühmteste deutsche Philosoph seiner

V. Preußischer Hochabsolutismus (1701–1786)

Friedrich Wilhelm I., Selbstbildnis, 1737

Zeit, Christian Wolff (1679–1754), von Friedrich Wilhelm I. 1723 wegen theologischer Unstimmigkeiten unter Todesandrohung des Landes verwiesen, und als Hofnarr diente dem Monarchen jahrzehntelang ein Professor der Geschichte, der Historiker und Hofgelehrte Jacob Paul von Gundling (1673–1731). Die von Friedrich I. gegründete *Berliner Akademie der Wissenschaften* geriet unter seinem Sohn in völligen Verfall, und der König liebte es, bei den Klängen seines Hoforchesters einzuschlafen.

Solche Charakterzüge, verbunden mit den bescheidenen, von Alkohol- und Nikotinkonsum dominierten Vergnügungen im Rahmen seines *Tabakskollegiums* ließen Friedrich Wilhelm I. für viele zeitgenössische Beobachter – nicht zuletzt für die eigene Tochter Wilhelmine, spätere Markgräfin von Ansbach-Bayreuth (1709–1758), in ihren gehässig urteilenden Briefen und Memoiren – ebenso zu einer willkommenen Spottfigur werden wie der ungepflegte Ton seiner Sprache, seine rohen Umgangsformen, die Plumpheit seines Auftretens und sein immer wieder eklatant zutage tretender Mangel an Manieren. Doch die in der Tat problematische, zwischen cholerischen Ausbrüchen und depressiven Anwandlungen heftig schwankende Charakterstruktur des Monarchen sollte nicht darüber hinwegsehen lassen, daß die Mitte seines Denkens und Handelns – im Gegensatz zu vielen anderen, äußerlich glanzvolleren Herrschergestalten des damaligen Europas – stets vom Gefühl der Verantwortlichkeit für das Wohl der ihm anvertrauten Untertanen bestimmt worden ist. «Den[n] ein Regente, der mit honneur in die weldt Regiren will», ließ er im *Politischen Testament* von 1722 seinen präsumtiven Nachfolger wissen, «mus seine affehren alles selber tuhn, also sein die Regenten zur arbeit erkohren und nicht zum ... faullen, weiberlehben ... der liebe Gott hat euch auf den trohn gesetzt nicht zu faullentzen, sondern zur arbeitten und seine Lender wohll zu Regiren» (Küntzel, 1922, S. 86). Rastloser Einsatz für die Verbesserung der Lebensverhältnisse seines Volkes, so wie er dies verstand, war ihm ein inneres Bedürfnis, dem er freilich sein privates Lebensglück ebenso rücksichtslos opferte wie das seiner Familie. Dies galt im übrigen auch für seine Gesundheit: Friedrich Wilhelm I. wurde nur 52 Jahre alt und hat seinen von Natur aus robusten Körper durch unmäßige Arbeitswut und ständige Überforderung mutwillig zugrunde gerichtet.

Preußentum und Pietismus. Geleitet von starken religiösen Impulsen, suchte und fand Friedrich Wilhelm I. die Nähe zur theologischen Reformbewegung des Pietismus, vor allem zu dessen Hauptvertreter, dem schon seit 1691 in der preußischen Universitätsstadt Halle wirkenden August Herman Francke. Der tätige Glaube des Pietismus, der sich an den Einzelmenschen und dessen Bewährung im Hier und Jetzt richtete, um die Welt in Übereinstimmung mit den Vorschriften der Bibel in eine bessere zu verwandeln, korrespondierte mit Friedrich Wilhelms I. eigenen Auffassungen von einem aktiven Christentum. Dies galt primär für das soziale Engagement des Halleschen Pietismus: sein Streben nach Eindämmung aufwendiger adliger Lebensführung, seine Wertschätzung bürgerlicher Lebenswelten, seinen Willen zur Hebung der Arbeitsmoral und zur Verbesserung der Arbeitsverhältnisse. Friedrich Wilhelm I. sah es gerne, wenn seine zukünftigen Offiziere, Diplomaten und Verwaltungsbeamten die von einer entsprechend puritanischen Gesinnung geprägten Franckeschen Erziehungsanstalten in Halle besuchten, welche, wie auch die Universität Halle selbst, die werdenden preußischen Staatsdiener in einem sachlich-geschäftsmännischen und technisch-wirtschaftlichen Wissen unterwiesen – praxisbezogen und am Gedanken des Einsatzes für das Allgemeinwohl orientiert. Dieses auch vom König als vordringliche Verpflichtung empfundene Bemühen um das Gemeinwohl konkretisierte sich im Bereich der staatlichen Verwaltungstätigkeit, der Wirtschafts- und Finanzorganisation, des Heerwesens und des allgemeinen Landesausbaus. Auf diesen Gebieten hat Friedrich Wilhelm I. vieles von dem geschaffen, was den preußischen Staat hinfort prägen sollte und bis heute zu den charakteristischen Erscheinungsformen des «Preußentums» gerechnet wird.

Neuordnung der Verwaltung. Im Zug einer fortschreitenden Stabilisierung monarchischer Gewalt gelangte in den Jahren nach 1713 der bereits geschilderte, seit Beginn der frühneuzeitlichen Territorialstaatsbildung in Brandenburg-Preußen zu beobachtende Antagonismus zwischen fürstlichen Herrschaftsansprüchen und ständischen Mitspracheforderungen zu einem vorläufigen Abschluß zugunsten der ersteren. Zwar blieben ständische Gliederung und rechtliche Ungleichheit der feudalen Gesellschaftsordnung im gesamten 18. Jahrhundert weiterhin erhalten. Doch die traditionellen landständischen Vertretungskörperschaften erfuhren unter der Regierung Friedrich Wilhelms I. eine erneut starke und – hinsichtlich ihrer politischen und administrativen Rolle – nun definitiv irreversible Kompetenzbeschneidung. In allen Regionen Preußens – mit Ausnahme der Kurmark – wurde die bisher obligate Mitwirkung landständischer Organe bei der Steuer- und Finanzverwaltung aufgehoben. Sichtbarstes Zeichen dieses zunehmenden «Verstaatlichungsprozesses» war das 1723 durch persönliche Anordnung Friedrich Wilhelms I. geschaffene *Generaldirektorium (General-Ober-Finanz-, Kriegs- und Domänen-Direktorium)* als oberste zentrale Regierungsbehörde Brandenburg-Preußens. In ihren Händen lagen nunmehr alle, bisher nach Stadt und Land getrennten Kompetenzen der preußischen Finanz-, Steuer- und Heeresverwaltung. Die Behörde unterstand der formellen Präsidentschaft des Monarchen und verband in ihrer Organisationsstruktur auf höchst eigentümliche Weise regionale und fachspezifische Zuständigkeiten: Ihre vier *Departements* («Ministerien») hatten jeweils vier auf den Gesamtstaat bezogene Sachgebiete zu bearbeiten (Erstes Departement: Grenz- und Rodungsangelegenheiten; Zweites Departement: Marschwesen und Militärökonomie; Drittes Departement: Post- und Münzwesen; Viertes Departement: Kassen- und Rechnungssachen). Zugleich waren ihnen die territorialen Belange von jeweils vier Provinzgruppen zugeordnet (Erstes Departement: Ostpreußen, Pommern, Neumark; Zweites Departement: Kurmark, Magdeburg, Halberstadt; Drittes Departement: Cleve-Mark; Viertes Departement: Minden-Ravensberg). In den preußischen Provinzen selbst wiederum sollten durch die Etablierung staatlich dirigierter *Kriegs- und Domänenkammern*, welche die Provinzialverwaltung zu besorgen hatten, alle ständisch-partikularistischen Einflüsse ausgeschaltet und landsmannschaftlich-regionale Besonderheiten möglichst vereinheitlicht werden. In den ländlichen Verwaltungsbezirken repräsentierte der *Landrat* als Organ der allgemeinen Landesverwaltung die monarchische Autorität, in den Städten fiel diese Kontroll- und Aufsichtsfunktion weiterhin dem vom König ernannten und mit gesteigerten Machtbefugnissen ausgestatteten *Kriegs- und Steuerrat* zu. Damit wurde auch die bis dahin noch stark oligarchisch geprägte brandenburgisch-preußische Städteverfassung im monarchisch-zentralstaatlichen Sinn reformiert. Erst die Neuordnung der kommunalen Selbstverwaltung 1810 sollte zu einem Wiedererstarken der städtischen Autonomie führen.

Militärsystem und Sozialstruktur. Neben dem Bereich der Zivilverwaltung empfingen vor allem Heerwesen und Militärsystem durch das Wirken Friedrich Wilhelms I. nachhaltige Impulse. Staat und Gesellschaft Preußens wurden unter dem «Soldatenkönig» in einem bisher auch europaweit nicht gekannten Ausmaß auf die Bedürfnisse der Armee hin geordnet. Auf Grundlage der vom Großen Kurfürsten Friedrich Wilhelm geschaffenen Voraussetzungen entstand – unter Anspannung aller inneren Kräfte – eine von Subsidienzahlungen fremder Mächte unabhängige (wenngleich weiterhin stark auf Ausländerwerbung angewiesene) Armee, die durch qualitative Ausbildung, Flexibilität im Manöver und Präzision beim Feuern ebenso Aufsehen und Beachtung erlangte wie durch ihre sprichwörtliche Disziplin. 1740, beim Tod des «Soldatenkönigs» Friedrich Wilhelm I., unterhielt Preußen die viertgrößte Armee aller europäischen Mächte, obwohl es flächenmäßig nur den zehnten Platz, an Bevölkerungszahl gar nur die dreizehnte Stelle in Europa einnahm. Damals zählte die brandenburgisch-preußische Armee bei etwa 2,25 Millionen Einwohnern immerhin 80 000 Mann (1713: 40 000 Mann bei 1,65 Millionen Einwohnern; 1786: 195 000 Mann bei 5,8 Millionen Einwohnern). Fast 80 Prozent der jährlich erwirtschafteten Staatseinkünfte wurden dabei für den Unterhalt der Armee verwendet.

Auf diese Weise entstand in Preußen eine am Militär ausgerichtete Gesellschaftsstruktur, innerhalb derer dem Adel herausragende Positionen zugedacht waren. Der König wollte seine «Junker», von deren Treue er nicht allzusehr überzeugt war, durch systematische Einbindung in den Militärdienst disziplinieren und sie neuen, staatsbezogenen Aufgaben zuführen. Er zwang den aristokratischen Nachwuchs in die königlichen Kadettenhäuser und schuf so im Lauf seiner Regierungszeit ein sozial weitgehend einheitlich ausgerichtetes adliges Offizierkorps, das im Todesjahr des Monarchen 1740 knapp 3200 Köpfe zählte. Auch gesellschaftlich wurde der Offizierstand sichtbar herausgehoben – im neuen Rangreglement von 1713 bekleideten die ersten Ränge nicht mehr, wie bisher, die hohen und höchsten höfischen Zivilchargen, sondern die Militärs: Generalfeldmarschälle, Generale der Infanterie, Obristen; der König selbst trug regelmäßig Uniform. Die Masse des preußischen *Stehenden Heeres* setzte sich demgegenüber aus der bäuerlichen Bevölkerung zusammen, da das städtische Bürgertum weitgehend von der militärischen Dienstpflicht befreit war. Die Rekrutierung der Soldaten erfolgte gemäß des *Kantonreglements* von 1733, das bis zur Einführung der *Allgemeinen Wehrpflicht* 1814 die Grundlage der preußischen Heeresorganisation bildete. Das Land wurde in Kantonsgebiete unterteilt, die als Aushebungsbezirke für die Aufstellung jeweils eines Regiments zuständig waren. Nicht selten begegneten dessen bäuerliche Kantonisten dabei ihrem adligen Gutsherrn dann als zuständigem Regimentsoffizier wieder, was eine Übertragung der patriarchalischen Bindungen vom Land ins Heer nach sich zog und eine Deutung der altpreußischen Militärverfassung als «soziales System» (Büsch, 1962, S. 161) nahelegen mag. Die Rekruten waren vom 20. Lebensjahr an zunächst lebenslänglich, später (ab 1792) für die Dauer von 20 Jahren zum Waffendienst verpflichtet. So trug die Wehrverfassung Preußens im 18. Jahrhundert der Rechtsungleichheit der ständischen Gesellschaft Rechnung.

Wirtschaft und Finanzen. Angesichts der stark auf die Bedürfnisse der Armee ausgerichteten innerstaatlichen Ordnung Preußens geriet auch die Ökonomie des Landes unter Friedrich Wilhelm I. in wachsende Abhängigkeit vom Heerwesen, das sich geradezu als ein «Schwungrad des wirtschaftlichen Verkehrs» (Hintze, 1915, S. 286) erwies, besonders in den Garnisonstädten. Die bisher geltende Autonomie der Zünfte wurde nach Einführung der staatlichen Gewerbeaufsicht ab 1732 schrittweise beseitigt, frühbürgerliche Produktionszweige, etwa die vom König mittels Etablierung von *Manufakturen* stark geförderte Tuch- und Textilindustrie, blühten auf, und seit 1713 war der preußische Staat nicht nur schuldenfrei, sondern verzichtete auch auf Steuererhöhungen und Staatsanleihen. Vielmehr gelang es durch eine äußerst effektive Finanzpolitik und durch ein im gesamteuropäischen Vergleich zweifellos schlichtes, doch keineswegs knausriges Hofleben, sogar noch einen jährlichen Überschuß im Staatshaushalt zu erwirtschaften, dessen Ertrag in den Kellern des Berliner Stadtschlosses für Zeiten der Not und des Krieges gehortet wurde.

Grundsätzlich entsprachen die von Friedrich Wilhelm I. gepflegten Ansätze zur Wirtschaftsförderung dem damals in allen europäischen Staaten favorisierten Prinzip des *Merkantilismus*.

Die damit verbundene Politik zielte auf einseitige Steigerung von Wohlstand, Reichtum und Bevölkerungszahl des eigenen Landes mittels staatlicher Lenkungsinstrumente. Dazu gehörte die Protektion einheimischer Produktions- und Handelskapazitäten ebenso wie das Bemühen um Reduktion ausländischer Einfuhren durch hohe Importzölle, damit das erwirtschaftete Geld im eigenen Land blieb. Verbunden war eine solche Politik oft mit populationistischen Maßnahmen. Diese standen im Dienst einer Hebung der «Landeskultur» mittels Trockenlegung von Sümpfen, Urbarmachung bisher unbewohnbarer oder verödeter Gebiete, Durchführung von Deich-, Kanal- und Straßenbauten. Hier fiel besonders der Wiederaufbau der Provinz Ostpreußen – das sogenannte *Retablissement* – ins Gewicht. Die seit 1709 infolge einer verheerenden Pestepidemie weithin entvölkerte Region erfreute sich Friedrich Wilhelms I. jahrzehntelanger Zuwendung, wobei die Ansiedlung protestantischer Einwanderer – entsprechend der bewährten Asylpraxis Brandenburg-Preußens – nur eine von zahlreichen Facetten eines weitgefächerten Maßnahmenkatalogs darstellte. Immerhin fanden auf diesem Weg ab 1732 etwa 10000 aus dem Territorium des Erzbistums Salzburg vertriebene Glaubensflüchtlinge (*Salzburger Exulanten*) in Ostpreußen für lange Zeit eine willkommene Heimat – bis zur erneuten Vertreibung ihrer späten Nachfahren 1945.

Regierungsstil und Staatsverständnis. Getragen wurden die politischen Aktivitäten Friedrich Wilhelms I. von einem Regierungsstil und einer Amtsauffassung, die sich vom Herrschaftsverständnis aller bisherigen Hohenzollernfürsten deutlich unterschied. Bisher hatten die brandenburgisch-preußischen Monarchen einen in der Regel engen und kontinuierlichen Kontakt zu ihren Ministern gepflegt, hatten aus dem *Geheimen Rat* heraus und mit ihm zusammen regiert. Jetzt aber verlagerte sich der Schwerpunkt königlicher Entscheidungsfindung in die relative Isoliertheit des fürstlichen Arbeitszimmers, in das sogenannte *Kabinett*. Von dort aus traf der Monarch seine selbstverantworteten «einsamen Entschlüsse», die seine Kabinettssekretäre schriftlich ausarbeiteten, und die dann als Dekret oder Order (*Kabi-

nettsordre) an die zuständigen Staatsbehörden ergingen. Der königlichen Selbstregierung wurde damit eine neue, ganz auf die Persönlichkeit des Herrschers zugeschnittene «autokratische» Qualität verliehen, deren Eigenart und Charakter für die Ausprägung brandenburgisch-preußischer Fürstenherrschaft im Zeitalter des Absolutismus bezeichnend bleiben sollten. Das galt auch für die Selbsteinschätzung und für das Herrscherbild Friedrich Wilhelms I. Älteren, dem Reformationszeitalter entstammenden Vorstellungen von einem «christlichen Monarchen» verpflichtet, empfand der König sein fürstliches Amt im Sinn einer «Beauftragung durch Gott» und sah sich damit eingespannt in eine gleichsam doppelte Verpflichtung: jener gegenüber dem Land und seinen Untertanen, deren Wohl es zu befördern galt, und jener gegenüber Gott, dem alle irdischen Regenten an ihrem Lebensende Rechenschaft über ihr Tun schuldeten.

Grenzen der Leistung. Nicht alle Bereiche des politischen Lebens sind von den weitstrahlenden Aktivitäten Friedrich Wilhelms I. mit gleicher Intensität erfaßt worden. So blieb ihm das *Justizwesen* zeitlebens fremd. Den Juristen begegnete er mit Abneigung und Mißtrauen und verordnete ihnen – nach einer treffenden Beobachtung Fritz Hartungs – das Tragen eines seidenen Mäntelchens, «damit man ihr verdächtiges Gewerbe schon äußerlich erkennen könne» (Hartung, 1942, S. 141). Erst unter Friedrich dem Großen ist die Kodifikation des *Allgemeinen Landrechts für die preußischen Staaten* auf den Weg gebracht worden, wodurch die Hohenzollernmonarchie dann 1794 ihre endgültige rechtsstaatliche Prägung erhalten sollte.

Und noch auf einem anderen Gebiet standen die Aktivitäten des «Soldatenkönigs» in einem deutlichen Mißverhältnis zu seiner insgesamt positiven Leistungsbilanz beim inneren Landesausbau Preußens: Auf dem Feld der auswärtigen Politik agierte er zeitlebens unsicher und unbeholfen und gelangte – abgesehen von der Erwerbung Vorpommerns mit Stettin, Usedom und Wollin im Frieden von Stockholm 1720 – zu keinerlei territorialen Erfolgen. Trotz starker Heeresmacht und gefüllter Staatskassen blieb die Außenpolitik des «Soldatenkönigs» eine zutiefst friedfertige – grundiert vom religiös motivierten Abscheu gegen jeden «ungerechten» Krieg und charakterisiert durch eine erstaunliche Orientierungslosigkeit in allen Fragen der Diplomatie. Zeitlebens hegte Friedrich Wilhelm I. eine reichs- und kaisertreue Gesinnung und empfand ein Gefühl der Loyalität gegenüber dem Haus Habsburg, das ihm allerdings die Realisierung seiner bescheidenen außenpolitischen Ziele – die Gewinnung des jülich-bergischen Territoriums, auf welches Kurbrandenburg seit 1614 eine Anwartschaft besaß – vorenthielt.

König und Thronfolger. Erst der von Friedrich Wilhelm I. lange Zeit wenig geschätzte Sohn und Nachfolger vermochte dem brandenburgisch-preußischen Staat außenpolitisches Renommee und territorialen Zuwachs in einer vor 1740 nun allerdings gänzlich unvorhersehbaren Richtung zu verschaffen. Um die Beziehungen zwischen Vater und Sohn war es dabei zunächst alles andere als erträglich bestellt. In dem Bemühen, seinen Sohn Friedrich so zu formen, wie er selbst sich den perfekten Erben des hohenzollernschen Königsthrones vorstellte, hatte der «Soldatenkönig» dem Thronfolger ein Erziehungsprogramm auferlegt, das nahezu ausschließlich den Kriterien soldatischen Gehorsams, militärischen Drills und körperlicher Abhärtung folgte und keinerlei Rücksicht auf die in durchaus andere Richtung zielenden individuellen Entwicklungsperspektiven des Sohnes zu nehmen gewillt war. Diese Perspektiven offenbarten musisch-schöngeistige Neigungen und ästhetisch-intellektuelle Interessen und ließen die Erziehungsziele des Vaters als rüde Intervention in das gerade von den Repräsentanten des zeitgenössischen Aufklärungsdenkens vehement betonte Recht freier Persönlichkeitsentfaltung erscheinen. Die verhaltene Opposition Friedrichs wiederum galt Friedrich Wilhelm I., ebenso wie der relativ undisziplinierte Lebenswandel des Schulden machenden und vom Vater zum «effeminierten Kerl» deklarierten Sohnes, als Beginn unbotmäßiger Auflehnung und als latente Infragestellung seines gesamten seit 1713 geleisteten Aufbauwerkes.

Unterschiede in Temperament und Charakter steigerten die

Spannungen ins Unerträgliche und ließen den hohenzollernschen Generationenkonflikt zwischen Vater und Sohn 1730 in Friedrichs berühmten Fluchtversuch münden. Nach dessen Scheitern und drastischer Bestrafung – der Thronfolger wurde als fahnenflüchtiger Deserteur angeklagt, sein Freund und Fluchthelfer Hans Hermann von Katte (1704–1730) büßte sein Einstehen für Friedrich vor dessen Augen mit dem Tod – erfolgte dann freilich die vollständige Unterwerfung unter den Willen des Vaters. Das galt auch in der Heiratsfrage, die 1733 durch Friedrichs Eheschließung mit der weder geschätzten noch gar geliebten Prinzessin Elisabeth Christine von Braunschweig-Bevern (1715–1797) gelöst wurde. Friedrichs eigene Beschreibung seiner zukünftigen Braut in einem Brief an die Schwester Wilhelmine war geradezu die Bankrotterklärung eines vergewaltigten Junggesellen. «Die Prinzessin», berichtete Friedrich, hat «tiefliegende Augen und einen sehr häßlichen Mund. Sie hat einen bäurischen Gang und einen Blick von unten herauf ..., ein unangenehmes Lachen, einen Gang wie eine Ente, schlechte Zähne, ist sehr schlecht angezogen, ängstlich in der Unterhaltung und fast stets stumm ... Sie ist ... ohne die geringste Lebensart» (Volz, 1924, S. 89). Die Ehe wurde niemals vollzogen, das Paar lebte von Anfang an räumlich getrennt voneinander. Friedrichs Verhältnis zu Frauen blieb nach diesem mißglückten Auftakt zeitlebens gestört. Seine homoerotische Veranlagung sollte indes niemals jenes Maß an lebensbestimmender Qualität erlangen, wie im Fall seines jüngeren Bruders, des Prinzen Heinrich von Preußen (1726–1802), der seine Homosexualität relativ offen zu praktizieren pflegte.

Lehrjahre und geistige Prägung. Nach Beendigung der Flucht- und Heiratskatastrophe begann für Friedrich eine Zeit intensiven Einübens in die staatliche Verwaltungsarbeit. Schon 1730 hatte ihn der Vater zum Dienst in der Küstriner Kriegs- und Domänenkammer verpflichtet, seit 1732 sammelte der Thronfolger als Oberst im Garnisondienst eines Neuruppiner Regiments zudem erste Erfahrungen auf militärischem Gebiet. Wichtig war daneben jedoch ein gänzlich anderer Bereich intellektueller Interessensformierung, der für das spätere Erscheinungsbild des wohl bedeutendsten Hohenzollernherrschers bestimmende Bedeutung erlangen sollte. Weitab von jeder unmittelbaren räumlichen Nähe zum verhaßten Vater, studierte der preußische Kronprinz zwischen 1730 und 1740 in der relativen Idylle des ihm 1734 endgültig als Wohnsitz zugewiesenen und zum «Musenhof» (Kunisch, 2004, S. 72) ausgestalteten *Schlosses Rheinsberg* die Werke nahezu aller zeitgenössisch maßgebenden Philosophen der deutschen, englischen und vor allem französischen Aufklärung – Wolff, Thomasius und Pufendorf ebenso wie Locke und Shaftesbury, Bayle und Montesquieu, Fénelon und Voltaire. Mit Voltaire (1694–1778) pflegte er seit 1736 (und bis zu dessen Tod) regen brieflichen Austausch, 1750 berief Friedrich den von ihm hochgeschätzten Philosophen an seinen Hof nach Berlin, wo dieser dann zwei Jahre lang dauerhaft Wohnsitz genommen hat. Auch nach dem persönlichen Zerwürfnis der beiden ungleichen Charaktere 1753 blieb ihr Kontakt aus der Ferne weiterhin bestehen. Die bildungsfrohe und produktive Rheinsberger Studienzeit markierte zweifellos die glücklichste Epoche in Friedrichs bewegtem Leben. Sie war erfüllt vom Umgang mit geistreichen und gelehrten Männern, geprägt von der Freude an geselligem Gedankenaustausch und durchformt von der Harmonie freundschaftlicher Begegnungen, wie sie Friedrich kaum je zuvor und niemals wieder danach erlebt hat.

Der aufgeklärte Autor. Es war durchaus kein Zufall, daß inmitten dieser philosophisch wie literarisch gleichermaßen hochgestimmten Atmosphäre – neben zahlreichen literarischen Gelegenheitsarbeiten in Prosa und Vers – Friedrichs wohl bedeutendste aufklärerische Programmschrift entstanden ist: der *Antimachiavel* (*Examen du Prince de Machiavel*) von 1740. Voltaire hatte das Manuskript überarbeitet und sprachlich geglättet, doch in ihren Grundgedanken bot das Werk die Summe eigener Gedankenarbeit. Es war ihr Ziel, dem gebildeten Publikum Europas das Idealbild eines «guten Herrschers» vor Augen zu stellen, für den, im Unterschied zu Machiavelli, Politik und Moral eben nicht auseinanderfallen durften. Friedrich, der seine Privatbriefe gelegentlich schon als Sechzehnjähriger mit «Fréderique le philosophe» zu unterschreiben pflegte, entwarf in diesem Buch das Modell eines Fürsten, der – orientiert an den Maximen tugendhaften Lebens und an einer den Prinzipien von Vernunft und Gerechtigkeit verpflichteten Regierungspraxis – durch sein eigenes vorbildliches Handeln den Untertanen als Maßstab und Leitstern dienen und auf deren Lebensalltag eine erzieherische Wirkung ausüben sollte. Der preußische Thronfolger hatte damit vor aller Welt die Grundanliegen eines aufgeklärten Herrschaftssystems – so, wie er dieses verstand – offengelegt. Und nichts schien natürlicher, als daß nach einem Regierungswechsel in Berlin gemäß den so verkündeten Prinzipien gehandelt, daß Preußen sich mithin in ein Musterland der Aufklärung verwandeln werde – mit dem König als «oberstem Aufklärer» an der Staatsspitze.

Regierungsantritt, Erster und Zweiter Schlesischer Krieg. Zunächst schien Friedrich solchen Erwartungen als (seit 31. Mai 1740 amtierender) dritter König des Hohenzollernstaates vollauf zu entsprechen. Zu den ersten Regierungshandlungen des 28jährigen zählten nicht nur vielbeachtete Maßnahmen zur Einschränkung der Folter und zur Lockerung der Zensurbestimmungen, sondern auch die aufsehenerregende Rückberufung des vom Vater einst aus Preußen verjagten Aufklärungsphilosophen Christian Wolff an die Universität Halle. Dann jedoch geschah Unerwartetes. Am 16. Dezember 1740 schien der neue Herrscher Preußens den Geltungsanspruch seiner weithin verkündeten aufklärerischen Regierungsmaximen vollständig zu ignorieren, indem er das preußische Staatsinteresse dem europäischen Völkerrecht rigoros überordnete, mit seiner gesammelten Heeresmacht ins österreichische Schlesien eindrang – und mit der raschen, binnen sieben Wochen vollzogenen Eroberung und Besetzung dieses Landes den Grund für jene kriegerischen Verwicklungen in Europa schuf, deren Langzeitfolgen nicht zuletzt ihn selbst während der gesamten ersten Hälfte seiner 46jährigen Regierungszeit in Atem halten sollten.

Geleitet war die friderizianische Unternehmung gegen Schlesien weder von staatsrechtlichen Erwägungen noch etwa von ernstzunehmenden dynastischen Ansprüchen. Entsprechende Begehrlichkeiten Preußens zielten damals auf die niederrheinischen Territorien Jülich und Berg, allenfalls noch auf Schwedisch-Vorpommern, nicht jedoch auf Schlesien. Es waren vielmehr Ehrgeiz und Ruhmsucht, Tatendrang und jugendliche Unternehmungslust – und nicht zuletzt die mächtepolitische Konstellation des Jahres 1740 –, die Friedrich den *Ersten Schlesischen Krieg* in relativer Bedenkenlosigkeit vom Zaun brechen ließen. Nach dem söhnelosen Tod des habsburgischen Kaisers Karl VI. (1685–1740) schien ein europaweit ausgreifender Kampf um dessen Erbe in Aussicht zu stehen. Es gab hier mancherlei Anwartschaften deutscher und außerdeutscher Mächte, vorrangig solche des sächsisch-polnischen Nachbarn und Konkurrenten, dessen Interessen sich auf die Gewinnung des strategisch wie ökonomisch gleichermaßen bedeutsamen (seit 1526 habsburgischen) schlesischen Territoriums richteten. Gleichwohl war Friedrichs Einmarsch in Schlesien 1740 nur sehr bedingt ein Präventivschlag gegenüber anderen Bewerbern um die vermeintlich vakante österreichische Erbschaft. Eher kann man in ihm eine Art Entladung jenes Spannungsverhältnisses erblikken, in das Brandenburg-Preußen seit den 1720er Jahren infolge zahlreicher, von Wien teilweise bewußt herbeigeführter Brüskierungen und Zurücksetzungen zum habsburgischen Kaiserhaus geraten war.

Bündnispolitisch vertraute Friedrich, vorerst zu Recht, auf den jahrhundertealten dynastischen Antagonismus zwischen Frankreich und Österreich, zugleich auf den durch weltpolitische Rivalitäten gekennzeichneten Gegensatz zwischen Frankreich und England. So konnte er, im Verein mit Frankreich, Kurbayern und Kursachsen, im *Berliner Frieden* (28. Juli 1742) den Erwerb der neuen Provinz Schlesien für Preußen provisorisch sichern. Friedrich hatte durch diesen separat betriebenen Friedensschluß mit Österreich allerdings den französischen Bundesgenossen bei dessen Kampf gegen Habsburg in nicht unbedingt rühmlicher Weise sich selbst überlassen. Angesichts des für Frankreich und Kurbayern äußerst ungünstigen Fortgangs des *Österreichischen Erbfolgekriegs* sah er sich daher bereits im Juni 1744 zu einem erneuten Waffengang genötigt – nun übrigens, und bis 1763, auch gegen den kursächsischen Rivalen. Die von Friedrich in den folgenden Monaten unter größtem persönlichen Einsatz erfochtenen preußischen Siege von Hohenfriedberg (4. Juni 1745), Soor (30. September 1745) und Kesselsdorf (15. Dezember 1745) begründeten seinen Ruhm als Feldherr und mündeten in den zwischen Preußen, Österreich und Kursachsen geschlossenen *Dresdner Frieden* (25. Dezember 1745), der dem Hohenzollernstaat den Besitz Schlesiens garantierte (international erneuert im *Aachener Frieden* von 1748) und zugleich die Anerkennung Franz I. Stephans von Lothringen-Toskana (1708–1765), des Gatten Maria Theresias (1717–1780), als Kaiser des Heiligen Römischen Reiches durch Preußen verbürgte. Nach der Rückkehr aus dem siegreich beendeten *Zweiten Schlesischen Krieg* wurde Friedrich übrigens erstmals von zahlreichen seiner Untertanen mit dem Beinamen «der Große» begrüßt – seither war diese Bezeichnung volkstümlich.

Friedensjahre und innerer Staatsausbau bis 1756. Friedrichs unmittelbar nach Abschluß des Friedensvertrags von 1745 überliefertes Diktum, «er werde fortan keine Katze mehr angreifen» (Hintze, 1915, S. 340), eröffnete eine bis 1756 währende Friedenszeit, die der König intensiv für den Ausbau des ihm vom Vater überlieferten und «in jeder Hinsicht gefestigten» (Neugebauer, 2003, S. 15) inneren Staatsgefüges zu nutzen wußte. Grundsätzliche Veränderungen erfolgten dabei vorerst nicht. Der administrative Apparat wurde ebenso beibehalten wie der Behördenaufbau. Hier gab es lediglich Ergänzungen und Erweiterungen, etwa durch Etablierung neuer Sachdepartements (für Heeresverwaltung, Steuern, Bergwerke und Forsten) innerhalb des *Generaldirektoriums*. Die überlieferte Regierungsweise aus dem Kabinett heraus erfuhr durch Friedrich sogar noch eine Steigerung – realisiert mit Hilfe weniger eng vertrauter *Kabinettssekretäre* von teilweise beträchtlichem Einfluß. Friedrichs sich in wachsendem Ausmaß zur Manie steigernde Gewohnheit, sämtliche Bereiche der Staatsverwaltung persönlich leiten zu wollen, fand hier ein geradezu ideales Betätigungsfeld. Mit seinen Ministern pflegte der König zumeist nur schriftlichen Umgang. Das nahezu unglaubliche Ausmaß seiner Schaffenskraft – bis ins hohe Alter absolvierte er ein tägliches Arbeitspensum von durchschnittlich etwa 20 Stunden – verband sich mit der bereits vom Vater geübten Praxis, mittels Reisen und Besichtigungsfahrten den Zustand der einzelnen Regionen und Provinzen seines weitverstreuten Territorialbesitzes unmittelbar prüfend und kontrollierend in Augenschein zu nehmen.

Weitgehend unverändert fortgeführt wurde von Friedrich auch die durch staatliche Kontrolle und Reglementierung geprägte *merkantilistische Wirtschaftspolitik* seines Vaters – bei allerdings deutlicher Bevorzugung einzelner neuetablierter Gewerbezweige, etwa der Porzellanherstellung (*Königliche Porzellanmanufaktur*, 1763), der Seidenindustrie oder des besonders in Schlesien florierenden Montanwesens. Ebenso wie sein Vorgänger war Friedrich davon überzeugt, daß die Kraft eines Staates in dessen Bevölkerungszahl gründe. Er hat sich daher intensiv und erfolgreich um die Erschließung und Besiedlung bisher unbewohnbarer Gebiete mittels binnenkolonisatorischer Maßnahmen (*Peuplierung*) bemüht. Die Urbarmachung erfolgte durch großangelegte Entsumpfungen und Eindeichungen, durch Waldrodungen, Flußregulierungen und Dorfgründungen im Oderbruch, im Netze- und Warthebruch sowie in Ostpreußen. Auf diese Weise entstand Neuland für fast eine Viertelmillion Menschen.

In einen stärkeren Gegensatz zur väterlichen Politik trat Friedrich durch die *Bevorzugung des Adels* innerhalb der weiterhin ständisch gegliederten preußischen Gesellschaft. Hatte Friedrich Wilhelm I. sich zeitlebens um eine Eindämmung «junkerlicher» Interessen und Mitspracherechte bemüht, so gipfelte Friedrichs diesbezügliche Politik darin, bürgerlichen Anwärtern den käuflichen Erwerb von Rittergütern grundsätzlich zu verbieten und den Adel seinerseits von allen bürgerlichen Tätigkeiten fernzuhalten. Mit alledem wurde die patrimoniale gutsherrliche Stellung des preußischen Landadels gegenüber den bäuerlichen Untertanen weiterhin konsolidiert. Den König leitete dabei die

Überzeugung von der Unentbehrlichkeit des Adels als Stütze des preußischen Offizierkorps und – nach 1763 – die retrospektive Erfahrung adliger militärischer Opferbereitschaft in den Jahren des Krieges.

Neuartige und weiterweisende Akzente vermochte Friedrich auf dem Feld der ihn zeitlebens beschäftigenden *Justizreform* zu setzen. Durch eingehende Lektüre des zeitgenössischen Aufklärungsschrifttums mit Fragen und Problemen der Rechtspflege auch theoretisch vertraut, fand der König in Samuel von Cocceji (1679–1755), Johann Heinrich Kasimir von Carmer (1720–1801) und Karl Gottlieb Svarez (1746–1798) juristisch hochbefähigte Mitarbeiter, deren langjähriges Bemühen um Vereinfachung des Instanzenzugs im Strafprozeßwesen (*Codex Fridericianus Marchius*, 1748) und um eine neue Gerichtsordnung (*Corpus iuris Fridericianus*, 1781) entscheidend zur qualitativen Hebung des Richterstandes und der Justizbehörden in Preußen beitrug und 1794 mit der Einführung des *Allgemeinen Landrechts für die preußischen Staaten* eine Fixierung aller damals in Preußen geltenden Rechte zuwege brachte. Ganz vom Geist der Aufklärung durchdrungen, verlieh diese Gesetzeskodifikation in über 19 000 Paragraphen dem Verhältnis zwischen König und Untertanen verbindliche Qualität. Der Charakter Preußens als Rechtsstaat war seither offensichtlich.

Eine *Hofhaltung* großen Stils, wie sie sich im Jahrhundert des Hochabsolutismus für jeden europäischen Monarchen beinahe von selbst verstand, hat Friedrich weder vor noch gar nach den Jahren des Siebenjährigen Krieges gepflegt. Glanzvolle monarchische Repräsentation und residenzstädtische Kulturpflege traten, abgesehen vom stark geförderten Berliner Musik- und Opernbetrieb, weithin zurück gegenüber der vom König bevorzugten intimen Geselligkeit im begrenzten Rahmen seiner *Tafelrunde*, wie er sie in *Schloß Sanssouci* zu zelebrieren pflegte. Georg Wenzeslaus von Knobelsdorff (1699–1753), der bereits *Schloß Rheinsberg* (1734–1736) ausgebaut und den *Neuen Flügel des Charlottenburger Schlosses* (1747) nach Friedrichs Geschmack errichtet hatte, schuf mit *Sanssouci* (1744–1751), basierend auf eigenhändigen Plänen und Entwurfszeichnungen des Königs, den wohl originellsten Bau der preußischen («friderizianischen») Spielart des dekorations- und ornamentfreudigen Rokoko. Dort, in der Sommerresidenz Sanssouci, suchte und fand der König das Gespräch mit in- und ausländischen Gelehrten, Dichtern, Künstlern und Philosophen. Es gewann insofern eine besondere Qualität, als Friedrich hier seine eigenen literarischen, staatstheoretischen und historiographischen Abhandlungen zur Diskussion stellte, wie sie seit den frühen 1740er Jahren – parallel zu seinen musikalischen Kompositionen, von denen 112 Flötensonaten und Konzerte erhalten sind – in kontinuierlicher Produktion entstanden. Sie wiesen den Hohenzollernherrscher als einen *homme de lettre* und *roi philosophe* aus, dessen Aktivitäten in den Intellektuellenkreisen ganz Europas Beachtung und Bewunderung fanden.

Siebenjähriger Krieg (1756–1763). Zu den maßgeblichen Maximen, die Friedrich der Große von seinem väterlichen Vorgänger übernommen hatte, gehörte die Gepflogenheit, über 80 Prozent der jährlichen Staatsausgaben in den Militäretat zu investieren und die übriggebliebenen Gelder als Ersparnisse zu verwahren. In den Krisenjahren des Siebenjährigen Krieges wurde diese Variante «positiver Finanzpolitik» zu einem der entscheidenden Überlebensmittel des preußischen Staates. Weit davon entfernt, sich mit dem Verlust Schlesiens dauerhaft abzufinden, hatte der österreichische Staatskanzler Wenzel Anton Graf Kaunitz (1711–1794) im Verlauf der 1750er Jahre ein dicht gesponnenes Netz politischer Allianzen geknüpft, die sich allesamt gegen Preußen richteten, und deren Ziel nicht bloß die Wiedererlangung Schlesiens, sondern die vollständige Ausschaltung des Hohenzollernstaates als eigenständiger Faktor im europäischen Mächtesystem bildete (*destruction totale de la Prusse*). Im Zentrum dieses anti-preußischen Bündnissystems stand der Abschluß einer durch Friedrichs eigene Unvorsichtigkeit ermöglichten österreichisch-französischen Offensivallianz. Auf der Suche nach Bündnispartnern war Friedrich Anfang 1756 in ein eher lockeres Vertragsverhältnis zu England getreten (*Neutralitätskonvention von Westminster*) – ohne zu bedenken, daß er damit

Frankreich als traditionellen Rivalen des Inselreiches verprellte und die Bourbonen so beinahe zwangsläufig an die Seite der Habsburger führte (*renversement des alliances*). Angesichts des bevorstehenden Hinzutritts Rußlands, Schwedens, Kursachsens und der meisten anderen deutschen Reichsstände zu dieser den Hohenzollernstaat geradezu erdrückenden «Großen Koalition» (Thomas Mann) entschloß sich Friedrich dazu, dem bevorstehenden Angriff seiner Feinde zuvorzukommen und eröffnete die Kampfhandlungen im August 1756 durch einen Präventivschlag gegen Kursachsen.

Im Verlauf des nun beginnenden *Siebenjährigen Krieges*, der von glänzenden Siegen Friedrichs – etwa bei Roßbach (5. November 1757), Leuthen (5. Dezember 1757) oder Zorndorf (25. August 1758) – ebenso geprägt wurde wie von katastrophalen Niederlagen der preußischen Armee (Kolin, 18. Juni 1757; Kunersdorf, 12. August 1759), geriet der Hohenzollernstaat mehrfach an den Rand des vollständigen Zusammenbruchs. Militärisch nur von Hannover, Braunschweig und Hessen-Kassel unterstützt – der englische Bündnispartner leistete lediglich Subsidienzahlungen und band darüber hinaus allenfalls französische Kräfte in Übersee –, lag Friedrichs einzige Chance darin, die übermächtigen Feinde jeweils einzeln offensiv zu schlagen und die Vereinigung ihrer Truppen zu einem konzentriert vorgetragenen Angriff auf Preußen unter allen Umständen zu verhindern. Daß ihm dies über Jahre hinweg und angesichts eines zeitweise beinahe zwanzigfachen materiellen und militärischen gegnerischen Übergewichts immer wieder gelungen ist, wurde schon von den Zeitgenossen als *Mirakel des Hauses Brandenburg* staunend zur Kenntnis genommen. Anders als seine beiden militärisch wohl befähigtsten Kontrahenten, die österreichischen Feldmarschälle Leopold von Daun (1705–1766) und Gideon Ernst Freiherr von Loudon (1717–1790), war Friedrich regierender Monarch und Oberster Befehlshaber seines Heeres in *einer* Person. Dadurch vermochte er mit äußerster Flexibilität rasch und unmittelbar auf jede feindliche Herausforderung zu reagieren, während die Gegner nicht nur umständlichen Befehlshierarchien unterworfen waren, sondern auch von Koordinationsproblemen

Parade Friedrichs des Großen, Radierung von Daniel Chodowiecki, 1777

geplagt wurden, die bekanntlich jede Koalitionskriegführung hervorzurufen pflegt.

Der *Friede von Hubertusburg* zwischen Preußen, Österreich und Sachsen (15. Februar 1763) beendete angesichts allgemeiner Erschöpfung das siebenjährige Ringen. Er sicherte Preußen den endgültigen Besitz Schlesiens und die Anerkennung als Großmacht. Österreichs daraus resultierende Schwächung erwies sich als relativ, denn das Habsburgerreich hatte – abgesehen vom Verlust Schlesiens – das Kriegsziel der Selbstbehauptung erreicht. Kursachsen hingegen schied fortan als ernstzunehmender Konkurrent des Hohenzollernstaates beim Kampf um die Vormacht im mitteldeutschen Raum aus. Rußland, das nach dem Tod der Zarin Elisabeth (1709–1761) im Januar 1762 unter deren Nachfolger Peter III. (1728–1762) ins preußische Lager umgeschwenkt war, blieb auf Grundlage des Besitzstandes von 1756 in lockerem Einvernehmen, seit 1764 im Bündnis mit Preußen. Seine Vormachtstellung im Ostseeraum gegenüber Schweden war nunmehr unumstritten. England wiederum ging aus der Konfrontation mit den beiden Bourbonenmonarchien Frankreich und Spanien in Übersee als klarer Sieger hervor. Sein Machtgewinn und Länderzuwachs standen in krassem Gegensatz zu den entsprechenden Verlusten Frankreichs.

Und Friedrich der Große selbst? Er kehrte, von den Strapazen jahrelanger Kampfhandlungen und permanenter körperlicher Überanstrengung erschöpft und früh gealtert, in sein vom Krieg zerrüttetes Land zurück. Immerhin verblieben ihm für dessen Wiederaufbau noch mehr als zwei Jahrzehnte. Sich als Sieger feiern zu lassen, lag ihm schon damals fern. Bei der Rückkehr nach Berlin verbat er sich jede Form öffentlicher Huldigungen, und auf den Glückwunsch eines seiner Bediensteten zum Friedensschluß von 1763 als «dem schönsten Tag in Euer Majestät Leben» entgegnete er schroff: «Der schönste Tag meines Lebens ist der, an dem ich es verlasse!» (Schneider, 1933, S. 244).

Außenpolitik nach 1763. Angesichts des zunächst weiterhin bekundeten Einvernehmens zwischen Frankreich und Österreich hat Friedrich sich in den Friedensjahren nach 1763 intensiv um ein gutes Verhältnis zu Rußland bemüht. Der Weg dorthin führte über das gemeinsame Interesse beider Mächte an einer Schwächung Polens. Friedrich kam entsprechenden Wünschen Katharinas II. (1729–1796) weit entgegen und behandelte die Zarin, trotz starker persönlicher Abneigung, mit einem für seine Verhältnisse außergewöhnlich hohen Maß an Liebenswürdigkeit. Dabei leitete ihn die klare Erkenntnis, daß die Feindschaft Rußlands eine lebensgefährliche Bedrohung für den Bestand des preußischen Staates darstellen mußte. Die preußisch-russische Allianz vom 11. April 1764 (verlängert 1767, 1769 und 1776) erwies sich für anderthalb Jahrzehnte als Grundkonstante des europäischen Mächtesystems. Sie bildete auch die Basis für den von Rußland ausgehenden Vorschlag, im Zusammenwirken mit dem Berliner und dem Wiener Hof große Teile des polnischen Staatsterritoriums kurzerhand zu annektieren. Der Hohenzollernstaat erhielt infolge dieser *Ersten Teilung Polens* (1772) Westpreußen, den Netzedistrikt und das Ermland (ohne Danzig und Thorn). Er gewann damit jene Landverbindung zwischen

Ostpreußen und den brandenburgisch-pommernschen Kerngebieten, deren Erwerbung Friedrich der Große bereits in seinen *Politischen Testamenten* von 1752 und 1768 als Notwendigkeit für das preußische Staatsinteresse ins Auge gefaßt hatte.

1778 sah sich Friedrich dann noch einmal zum Waffengang gegen Österreich veranlaßt, als der dort (seit 1765) als Mitregent seiner Mutter Maria Theresia amtierende römisch-deutsche Kaiser Joseph II. (1741–1790) nach dem Aussterben der bayerischen Linie der Wittelsbacher Gebietsansprüche auf Niederbayern und die Oberpfalz erhob, um den Verlust Schlesiens zu kompensieren. Friedrich fürchtete eine Verschiebung der machtpolitischen Gewichte im Reich zugunsten des habsburgischen Rivalen und marschierte, verbunden mit dem sächsischen Kurfürsten, in Böhmen ein (*Bayerischer Erbfolgekrieg*). Vor Austragung kriegsentscheidender Schlachten vermittelten Rußland und Frankreich den *Frieden von Teschen* (1779), der Preußens Erbansprüche auf die Fürstentümer Ansbach-Bayreuth untermauerte (realisiert 1791). Angesichts erneuter Pläne Josephs II. zum Erwerb Bayerns – diesmal im Ländertausch gegen die habsburgischen Niederlande – übernahm Friedrich der Große ein Jahr vor seinem Tod zuletzt noch die für ihn sehr ungewohnte Rolle eines Beschützers der deutschen Reichsstände und Verteidigers der Reichsverfassung, indem er die Initiative zum Abschluß eines *Deutschen Fürstenbundes* (23. Juli 1785) ergriff. Ihm schlossen sich bis 1787 zahlreiche Territorien des Heiligen Römischen Reiches an, um dessen aktuellen Gebietszustand zu bewahren und den als bedrohlich empfundenen Aktivitäten des österreichischen Kaisers Einhalt zu gebieten.

Staatsauffassung, Herrscherbild und «Aufgeklärter Absolutismus».
In den Jahren nach 1763 hat Friedrich im Rahmen seines nahezu alle Bereiche der Innenpolitik erfassenden Konsolidierungswerkes – bei prinzipiellem Festhalten am autokratischen Regierungsstil – eine spezifische Auffassung vom Staat und vom Ethos des Königtums zur Entfaltung gebracht, die ihn zum Hauptrepräsentanten des *Aufgeklärten Absolutismus* werden ließ. Der mit diesem Begriff bezeichnete Herrschaftsstil sollte sich von

Preußen aus zu einem Vorbild für zahlreiche deutsche und europäische Monarchen entwickeln und bis ins frühe 19. Jahrhundert stilprägende Qualität besitzen. Friedrich legitimierte das Fürstenamt dabei – in Übereinstimmung mit dem naturrechtlichen Denken der Aufklärung – rein funktional, als eine zweckrationale Einrichtung, deren Ursprung auf einen zwischen Volk und Herrscher ausgehandelten Vertrag zurückgeführt wurde. Diesem *Herrschaftsvertrag* zufolge war der Monarch als *concitoyen* (Mitbürger) nichts anderes als eine im Dienst des Volkes stehende Staatsinstitution, die den Gemeinnutz zu fördern, Schutz und Rechtssicherheit für die Bürger zu garantieren und bei Nichterfüllung dieser Aufgaben seine Existenzberechtigung verwirkt hatte. «Die Fürsten», so liest man in Friedrichs staatstheoretischer Programmschrift *Regierungsformen und Herrscherpflichten* von 1777, sind «nicht etwa deshalb mit der höchsten Macht bekleidet worden, damit sie ungestraft in Ausschweifung und Luxus aufgehen könnten. Sie sind nicht zu dem Zweck über ihre Mitbürger erhoben worden, daß ihr Stolz in eitel Repräsentation sich brüste und der schlichten Sitten, der Armut, des Elends verächtlich spotte. Sie stehen keineswegs an der Spitze des Staates, um in ihrer Umgebung einen Schwarm von Nichtstuern zu unterhalten, die durch ihren Müßiggang und ihr unnützes Wesen alle Laster fördern ... Man präge sich dies wohl ein: die Aufrechterhaltung der Gesetze war der einzige Grund, der die Menschen bewog, sich Obere zu geben; denn das bedeutet den wahren Ursprung der Herrschergewalt» (Werke, Bd. 7, 1913, S. 228, 226). Aus solcher Perspektive erfuhr auch das Spannungsfeld von Staatsräson und Humanitätsidee, wie es in der Politik des *Philosophen von Sanssouci* immer wieder diagnostiziert worden ist, eine eindeutige Vermessung: Sollte es zu einer Kollision des «allgemeinen Staatszwecks» mit den Empfindungen persönlicher Moral oder gar mit den Ansprüchen privaten Lebensglücks kommen, so waren die Pflichten des Regenten der Ethik des Privatmannes jederzeit überzuordnen.

Toleranzpolitik. Nicht zuletzt wegen der von solchen Maximen geprägten Regierungspraxis wurde das friderizianische Preußen von zahlreichen Vertretern der europäischen Aufklärung als «Modellstaat» empfunden. Zu den aufklärerischen Aktivposten, die man im Ausland, namentlich in Frankreich und in England, besonders zu schätzen wußte, zählte Friedrichs *Kirchen- und Religionspolitik*. Sie war geleitet von jener sprichwörtlich gewordenen Toleranzgesinnung, wie sie von den brandenburgischen Hohenzollern seit Beginn des 17. Jahrhunderts grundsätzlich praktiziert worden war und für alle Angehörige christlicher und nichtchristlicher Konfessionen, aber auch für ethnische Minderheiten Geltung besessen hatte. Im friderizianischen Preußen erlangte diese Toleranzpolitik insofern eine neuartige Qualität, als sie nun durch die Person des regierenden Herrschers mittels einer theoretisch-philosophischen Grundlage untermauert wurde, welche allen etablierten Religionen ein gleichgeartetes Moralfundament zusprach und ihnen daher Gleichberechtigung untereinander und Gleichbehandlung von seiten des Staates zuerkannte. «Ein jeder» – so verlautbarte Friedrich im Januar 1781 – «kan bei mir glauben was er will, wenn er nur ährlich ist. Was die Gesangbücher angehet, stehet einem jeden frei zu singen: ‹Nun ruhen alle Welder› oder dergleichen dummes und thörigtes zeug mer. Aber die priesters die mühsen die tolleranz nicht vergessen, denn ihnen wird keine verfolgung gestattet werden» (Kroll, 2001, S. 59). Im öffentlichen Leben Preußens fand der so artikulierte Toleranzgedanke durch den von Friedrich veranlaßten Bau der *Hedwigskirche* in Berlin (1747–1773) für die katholische Gemeinde und der *Französischen Kirche* in Potsdam (1752) für die Reformierten weithin sichtbaren Ausdruck.

Derart geübte Religionstoleranz stand im friderizianischen Preußen freilich nicht allein im Zeichen persönlich empfundener Achtung des regierenden Monarchen vor der Gewissensüberzeugung Andersdenkender. Sie entsprach darüber hinaus einer durchaus handfesten Politik des «Staatsnutzens». Denn langfristig kam der aus einer Politik der Toleranzgewährung resultierende Konfessionsfriede, verbunden mit einer unter Friedrich weiterhin rege geförderten Zuwanderung ausländischer Spezialisten, dem materiellen Wohlstand des Landes ebenso zugute wie seiner wirtschaftlichen Prosperität. Auch Friedrichs Haltung gegenüber dem preußischen *Judentum* entsprach der am Staatsinteresse orientierten Handhabung des Toleranzprinzips. Grundsätzlich gestand er den Juden volle Glaubensfreiheit zu (*Generalprivileg* von 1750). Seine konkreten politischen Maßnahmen richteten sich jedoch nach dem jeweiligen «Nutzeffekt» jüdischer Aktivitäten und umfaßten handels-, steuer- und finanzpolitische Restriktionen ebenso wie die Privilegierung und Prämierung einzelner jüdischer Unternehmer.

Charakter und Persönlichkeit – Ausklang der friderizianischen Ära.
Friedrich der Große hat dem von ihm theoretisch propagierten Regentenideal in strikter Selbstdisziplin weitgehend entsprochen. Sein auf Arbeit, Askese und rastlosen Einsatz für das Wohl von Staat und Gesellschaft eingerichteter Lebensalltag begann in der Regel um fünf Uhr morgens, endete zumeist erst nach Mitternacht und führte immer wieder an die Grenzen der körperlichen Belastbarkeit. Bereits unter den Zeitgenossen erlangte der König mit alledem ein beinahe mythisches Renommee – wie übrigens Friedrich seinerseits dem in ebenso hartem Arbeitseinsatz geschaffenen Werk des einstmals verhaßten Vaters zunehmend Hochachtung und Bewunderung entgegenzubringen wußte. Friedrichs konsequent vorgelebte Bereitschaft zur Bündelung aller Energien, zu äußerstem Einsatz und Verzicht, bis hin zur Aufgabe der privaten Existenz zugunsten seiner Rolle als *premier serviteur de l'état*, hat kein zeitgenössischer Beobachter eindrucksvoller beschrieben als Friedrich August Ludwig von der Marwitz (1777–1837), jener preußische General und Politiker, der sich nach 1806 als einer der profiliertesten konservativen Kontrahenten der Reformbewegung erweisen sollte. Marwitz erblickte im friderizianischen Preußen das Idealbild eines wohlgeordneten, den Prin-

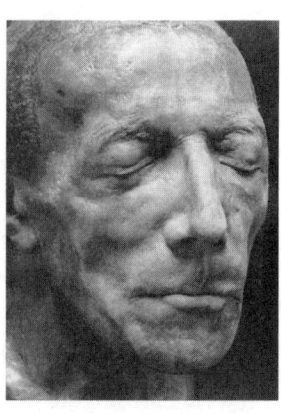
Friedrich der Große, Totenmaske

V. Preußischer Hochabsolutismus (1701–1786)

zipien der Humanität, der Effektivität und der Rechtsstaatlichkeit verpflichteten Staatswesens. «Die Wilhelmsstraße» – so berichtete Marwitz als Augenzeuge über die Rückkehr des Königs von einer auswärtigen Besichtigung in seine Haupt- und Residenzstadt Berlin am 21. Mai 1785, sechzehn Monate vor Friedrichs Tod – war «gedrückt voll Menschen, alle Fenster voll, alle Häupter entblößt, überall das tiefste Schweigen ... Der König ritt ganz allein vorn und grüßte, indem er fortwährend den Hut abnahm. Er hat ihn vom Halleschen Tor bis zur Kochstraße gewiß zweihundert Mal abgenommen ... Noch stand die Menge, entblößten Hauptes, schweigend, alle Augen auf den Fleck gerichtet, wo er verschwunden war, und es dauerte eine Weile, bis ein jeder sich sammelte und ruhig seines Weges ging ... Und doch war nichts geschehen; nur ein dreiundsiebzigjähriger alter Mann, schlecht gekleidet, staubbedeckt, kehrte von seinem mühsamen Tagewerk zurück. Aber jedermann wußte, daß dieser Alte auch für ihn arbeitete, daß er sein ganzes Leben an diese Arbeit gesetzt und sie seit 45 Jahren auch nicht an einem Tag versäumt hatte» (Hubatsch, 1973, S. 231).

VI. Niedergang und Reform
(1786–1815)

Epochenwechsel. Der Tod Friedrichs des Großen am 17. August 1786 markierte das Ende der Ära des Hochabsolutismus in Preußen. Friedrichs ganz auf die eigene Person konzentriertes Regiment war in den letzten Lebensjahren des Königs von nicht wenigen seiner Untertanen – bei aller vorhandenen Wertschätzung seiner staatsmännischen Leistung – zunehmend als erstarrt und bedrückend empfunden worden. Ein Gefühl staatlich-politischer Stagnation hatte sich verbreitet, wobei allerdings die meisten kritischen Stimmen zwischen der Person des Monarchen einerseits und den Einrichtungen seines Staates andererseits wohl zu unterscheiden wußten. Goethe hatte schon in den 1760er Jahren «fritzische Gesinnung» und «preußischen Kommis» voneinander separiert, und dieser Differenzierung sind die meisten der nach Friedrichs Tod über ihn und sein Werk Urteilenden gefolgt.

Der «Vielgeliebte». An die Stelle Friedrichs des Großen trat sein Neffe Friedrich Wilhelm II. (1744–1797), der Sohn des 1757 wegen vermeintlicher militärischer Fehlleistungen bei Friedrich in Ungnade gefallenen ältesten Bruders des Königs, Prinz August Wilhelm (1722–1758). Der neue Regent erwies sich in vielerlei Hinsicht als das genaue Gegenteil seines Vorgängers, obwohl Friedrich die Erziehung des Thronfolgers über Jahre hinweg minutiös begleitet und detailliert überwacht hatte, ohne ihn allerdings zur Mitarbeit an den Regierungsgeschäften heranzuziehen. Weich und nachgiebig, leutselig, liebenswürdig und genußfreudig, hegte der neue Monarch in Berlin einen Hang zu üppiger Mätressenwirtschaft – eine am Hohenzollernhof nicht eben sehr geläufige Gepflogenheit. Friedrich Wilhelm II. war zunächst mit einer braunschweigischen Prinzessin, dann, nach der Scheidung 1769, mit Friederike Luise von Hessen-Darmstadt (1751–1805) verheiratet. Dieser Ehe entstammten sechs Kinder, unter ihnen der spätere preußische König Friedrich Wilhelm III. Daran kein Genügen findend, stürzte sich Friedrich Wilhelm II. – noch als Kronprinz – in eine leidenschaftliche Liaison mit Wilhelmine Encke (1753–1820), der Tochter eines Hofmusikers, welchem Verhältnis fünf Kinder ihr Leben verdankten. Es folgten zwei morganatische Ehen des Königs «zur linken Hand». Einer von ihnen entsproß der später, von 1848 bis 1850, unter Friedrich Wilhelm IV. als preußischer Ministerpräsident amtierende Friedrich Wilhelm Graf von Brandenburg.

Bigotterie und Okkultismus. Die offen zutage tretende moralische Leichtlebigkeit Friedrich Wilhelms II. stand in starkem Kontrast zu seiner Religionspolitik, in der man das wohl entscheidendste Feld seines innerstaatlichen Handelns erblicken darf. Geleitet von einer strikt aufklärungsfeindlichen, mystisch-schwärmerisch geprägten Religiosität, die teilweise vom Gedankengut der Rosenkreuzer inspiriert war, gewährte der König seinen ihn in solchen Einstellungen bestärkenden Günstlingen Johann Christoph von Wöllner (1732–1800) und Johann Rudolf von Bischoffwerder (1741–1803) maßgeblichen Einfluß auf die Gestaltung der Regierungsarbeit und beendete damit das Zeitalter der absolutistischen Königsherrschaft in Preußen. Wöllner, seit 1788 Justizminister und Chef des *Geistlichen Departements für lutherische und katholische Angelegenheiten*, war die treibende Kraft für den Erlaß des nach ihm benannten *Wöllnerschen Religionsedikts* von 1788 (*Edikt, die Religionsverfassung in den preußischen Staaten betreffend*), das nunmehr die freie Religionsausübung für Katholiken und Juden in Preußen auch offiziell legalisierte, darüber hinaus jedoch Verstöße gegen die Dogmen der evangelisch-lutherischen Landeskirche mit hohen Strafen belegte. Religionskritische Publikationen sollten durch Zensurmaßnahmen unterbunden und die Geistlichkeit sollte entsprechenden Überwachungsmechanismen unterworfen werden. Das gegen die freigeistige Religionspolitik Friedrichs des Großen zielende Edikt wollte Bibelglauben, Orthodoxie und kirchliche Schulaufsicht stärken, fand jedoch nur geringen Widerhall bei Bürgertum und Beamtenschaft und wurde nach dem Tod des Königs 1797 von dessen Sohn und Nachfolger sofort aufgehoben.

Außenpolitik. Erfolgreicher und ergebnisorientierter erschien zunächst das außenpolitische Handeln Friedrich Wilhelms II. Es stand seit 1792, faktisch geleitet von Bischoffwerder, ganz im Zeichen preußisch-österreichischer Solidarität im Krieg gegen das revolutionäre Frankreich (*Pillnitzer Erklärung*, 1791), in dessen Gefolge nach anfänglichem Versagen (*Kanonade von Valmy*, 1792) die preußischen Truppen gegenüber den französischen Revolutionsarmeen sich durchaus zu behaupten wußten (Siege bei Pirmasens und Kaiserslautern, 1793). Kriegerischer Unternehmungen zusehends müde, einigte sich Friedrich Wilhelm II. indes 1795 mit Frankreich (*Friede von Basel*) – unter Anerkennung der französischen Okkupation des gesamten linken Rheinufers. Preußen verließ damit die antirevolutionäre Koalition und wahrte fortan für länger als ein Jahrzehnt (bis 1806) strikte Neutralität. Dies geschah zum Verdruß vieler preußischer und deutscher Patrioten, doch erfolgte das umstrittene Ausscheiden des Hohenzollernstaates aus dem Krieg im Westen nicht zuletzt im Interesse einer Kräftekonzentrierung im Osten, wo sich, im Verbund mit Rußland und Österreich, die aus zeitgenössischer Perspektive durchaus verlockende Möglichkeit einer umfangreichen Erweiterung des preußischen Territoriums auf Kosten der geschwächten und zur Verteidigung unfähigen polnischen Adelsrepublik eröffnete. Die *Zweite Teilung Polens* (1793) brachte Preußen neben Danzig und Thorn auch den Besitz von Posen, Gnesen und Kalisch («Südpreußen»), in der *Dritten Teilung Polens* (1795) gewann Friedrich Wilhelm II. Masowien, Warschau («Neuostpreußen») sowie große Gebiete zwischen Weichsel, Bug und Njemen. Kein preußischer Monarch zuvor hatte seinem Staat in ähnlich kurzer Zeit und auf vergleichbar friedlichem Weg derartigen Landzuwachs einzuverleiben vermocht wie der Enkel des Soldatenkönigs. Daß der immense Territorialerwerb im Osten – gemessen an den revolutionären Herausforderungen im Westen – für die Zukunft nur wenig zählte, konnte damals niemand voraussehen.

Musik, Bildende Kunst, Literatur. Angesichts der insgesamt zwiespältigen Bilanz der inneren und äußeren Politik Friedrich Wilhelms II. fiel dessen reges Engagement auf kulturellem Gebiet umso mehr ins Gewicht. Der König besaß eine starke musikalische Begabung, er brillierte als Cello- und Geigenvirtuose, nicht freilich – wie Friedrich der Große – auch als Komponist. Doch hat er in Berlin mit den drei größten Musikgenies seiner Zeit – Mozart, Haydn, Beethoven – gemeinsam musiziert und vor allem die beiden letzteren nach Kräften gefördert. Die preußische Haupt- und Residenzstadt Berlin erhielt durch den persönlichen Einsatz des Königs neue städtebauliche Akzente. Sichtbares Zeichen dafür war das 1791 von Carl Gotthard Langhans (1733–1808) errichtete *Brandenburger Tor.* Der neuen Formensprache des Klassizismus verpflichtet, die nach dem Tod Friedrichs des Großen in Preußen vorherrschend wurde, diente das am Vorbild der Athener Propyläen orientierte Bauwerk (offizielle Bezeichnung: *Friedenstor*) nicht mehr der städtischen Befestigung. Es sollte vielmehr eine Art symbolische Eingangspforte nach Berlin als Ort der Künste und Wissenschaften darstellen. Tatsächlich entwickelte sich die Stadt damals zu einem der maßgeblichen europäischen Kulturzentren, zumal auch die zeitgenössische deutsche Literatur in Friedrich Wilhelm II. – im Gegensatz zu seinem Vorgänger, der die Sprache der Deutschen für barbarisch hielt – einen eifrigen Leser und Förderer fand.

Preußens «Bürgerkönig». Ein neuerliches Kontrastbild bot der Sohn und Nachfolger des 1797 gestorbenen Königs. Friedrich Wilhelm III. (1770–1840) hatte schon als Kronprinz durch einen schlichten Lebensstil von beinahe bürgerlichem Zuschnitt Aufmerksamkeit erregt, um so mehr, als er sich dadurch vom verschwenderischen Gebaren des Vaters distanzierte. Das galt auch für sein Familienleben. Der Thronfolger war seit 1793 mit Prinzessin Luise von Mecklenburg-Strelitz (1776–1810) verheiratet und führte mit ihr eine überaus harmonische Ehe. Im Unterschied zu seinem Vater mangelte es dem neuen Monarchen an der Bereitschaft zu aktivem Engagement in den meisten Bereichen von Kunst und Kultur. Nüchtern, pedantisch und mißtrauisch, von melancholischem Temperament und pessimistischer Lebenseinstellung beherrscht, zudem unter geringem Selbstwertgefühl ebenso leidend wie durch schwach ausgeprägten Tatendrang gehemmt, war Friedrich Wilhelm III. eine durchaus problematische Persönlichkeit und besaß nicht jene Eigenschaften, die es ihm ermöglicht hätten, den Hohenzollernstaat in bewegter Zeit sicher durch alle Gefährdungen zu führen.

Regierungsstil und politisches Handeln bis 1806. Formal wurde unter Friedrich Wilhelm III. vorerst am absolutistischen Herrschaftsverständnis und an der Regierung «aus dem Kabinett» festgehalten. Doch hat der König – verglichen mit Friedrich Wilhelm I. und Friedrich dem Großen – die damit verbundene Rolle des Selbstherrschers niemals auch nur annähernd auszufüllen vermocht. In der Zentral- und Provinzialverwaltung des Landes haben daher engagierte Beamte bereits vor 1806 ein hohes Maß an Handlungsspielräumen erlangt. Dabei bemühte sich Friedrich Wilhelm III. vom Beginn seiner Regentschaft an um Reformen vor allem im Finanz- und im Agrarwesen: Steigerung der Staatseinnahmen und Verringerung der Schuldenlast, Aufhebung der Feudalverhältnisse und Beendigung der bäuerlichen Erbuntertänigkeit galten auch damals schon als anzustrebende Nahziele entsprechender staatlicher Aktivitäten. Eine Realisierung solcher Ziele gelang jedoch bis 1806 nur in sehr bescheidenem Umfang.

Ein ähnlich unbefriedigendes Ergebnis brachte die vor 1806 weithin vom König allein zu verantwortende Außenpolitik. Zunächst entschied er sich, in Anlehnung an Frankreich, für eine Fortführung des seit 1795 eingeschlagenen Neutralitätskurses, obgleich man in Wien und Sankt Petersburg um die Bundesgenossenschaft Preußens im Kampf gegen die Erschütterung der alteuropäischen Staatenordnung durch die bonapartistische Herausforderung warb. So wurden Österreicher und Russen im *Drit-*

ten Koalitionskrieg ohne die erhoffte preußische Waffenhilfe bei Ulm und Austerlitz 1806 von den Franzosen vernichtend geschlagen und zum Friedensschluß gezwungen. Erst danach entschied sich Friedrich Wilhelm III. zur Aufgabe seiner Neutralitätspolitik und wählte die antifranzösische Option. Doch jetzt war der Hohenzollernstaat seinerseits isoliert und schritt ohne jeden nennenswerten Alliierten zum Krieg.

Die Katastrophe und ihre Folgen. In den Schlachten bei Jena und Auerstedt (14. Oktober 1806) verlor Preußen nicht nur den Feldzug gegen Napoleon I. (1769–1821). Es stand vielmehr in der akuten

Friedrich Wilhelm III., Gemälde von Franz Krüger, 1836

Gefahr, seine staatliche Existenz überhaupt einzubüßen, was wohl auch geschehen wäre, wenn sich nicht Zar Alexander I. von Rußland (1777–1825) beim Kaiser der Franzosen für den Erhalt des Hohenzollernstaates eingesetzt hätte. Fehler der militärischen Führung, Desorganisation des Heeres und mangelnde Effektivität des Verteidigungssystems waren für die preußische Niederlage verantwortlich gewesen. Doch was danach folgte, überstieg die Grenze des realistischerweise Vorhersehbaren. Unmittelbar nach dem Schlachtendesaster kapitulierten – bis auf Kolberg – alle preußischen Festungen kampflos vor dem Feind. Die Haupt- und Residenzstadt Berlin öffnete am 27. Oktober 1806 den französischen Truppen ihre Tore. Überall in Preußen brach in den Folgetagen die staatliche Verwaltung weitgehend zusammen. Die königliche Familie floh aus Berlin nach Königsberg und fand erst in Memel eine dauerhaftere Bleibe. Dieser am äußersten östlichen Ende der Monarchie gelegene Ort diente Friedrich Wilhelm III. für zwei Jahre als provisorische Landeshauptstadt.

Der preußisch-französische *Friedensvertrag von Tilsit* (9. Juli 1807) reduzierte Preußen um fast die Hälfte seines Gebietsumfanges (49 Prozent) und seiner Bevölkerungszahl (46 Prozent). Der Hohenzollernstaat verlor seinen gesamten Territorialbesitz westlich der Elbe und büßte seinen Status als europäische Großmacht ein. Er mußte der von Napoleon I. gegen England verhängten *Kontinentalsperre* beitreten, die jeden wirtschaftlichen Verkehr mit dem Inselstaat unterbinden und London an die Seite Frankreichs zwingen sollte. Darüber hinaus wurde Preußen zur Zahlung einer Entschädigungssumme verpflichtet, deren Höhe jeden wirtschaftlichen Wiederaufstieg für unabsehbare Zeit verunmöglichte, zumal das Land bis zur Tilgung der Reparationen von französischen Truppen besetzt bleiben sollte.

Das Reformwerk. Der Zusammenbruch des preußischen Staates lenkte den Blick auf die Ursachen für die Ineffektivität des alten Systems und setzte Energien zur Neuordnung in fast allen Bereichen des öffentlichen Lebens frei. Der persönliche Anteil Friedrich Wilhelms III. an der seit 1807 anlaufenden Reformpolitik war, aufs Ganze gesehen, nicht allzu groß. Der König mußte vielmehr immer wieder durch das Engagement seiner dienstlichen und privaten Umgebung – nicht zuletzt der mit Charme und Willenskraft ausgestatteten Königin Luise – aus seiner apathischen, oftmals depressiven Gemütsverfassung befreit und auf Reformkurs gehalten werden. Zunächst, von Oktober 1807 bis November 1808, amtierte Karl Freiherr von und zum Stein (1757–1831) als leitender Minister und brachte in dieser Funktion einschneidende Neuerungen auf den Weg.

Zu den vom Ministerium Stein initiierten Reformen zählte das *Edikt, den erleichterten Besitz und den freien Gebrauch des Grundeigentums sowie die persönlichen Verhältnisse der Landbewohner betreffend* (9. Oktober 1807), mittels dessen die Erbuntertänigkeit der Bauern in Preußen (Schollenpflicht und Gesindezwang) abgeschafft wurde. Die *Städteordnung für die Preußischen Staaten* (19. November 1808) ermöglichte die Wiederherstellung der durch den Absolutismus im 18. Jahrhundert ausgehöhlten kommunalen Selbstverwaltung, wodurch die Bürger die Angelegenheiten ihrer Gemeinde zukünftig in freier Verantwortung selbst zu regeln befugt waren. Das *Organisationsedikt* (24. November 1808) brachte die ressortmäßige Neugliederung der obersten zentralen Staatsbehörden und schuf fünf Ministerien (Kriegswesen, Auswärtiges, Inneres, Justiz und Finanzen), deren Leiter jeweils unmittelbaren Zugang zum Monarchen hatten. Damit vollzog der Hohenzollernstaat den endgültigen Schritt zum Prinzip der Ministerverantwortlichkeit.

Nachdem der Freiherr vom Stein infolge seiner Ächtung durch Napoleon I. den preußischen Staatsdienst verlassen mußte, wurde das Reformwerk durch Karl August von Hardenberg (1750–1822), der von 1810 bis 1822 als Staatskanzler und Chef des Staatsministeriums amtierte, zunächst weitgehend in Steins Sinn fortgesetzt. Anders als Stein, der das Prinzip kollegialer Gleichberechtigung der Minister favorisiert hatte, bevorzugte Hardenberg das Kanzlersystem und agierte fortan als ein den übrigen Ressortchefs vorgeordneter politischer Entscheidungsträger. Die Reformgesetzgebung erhielt durch ihn vor allem auf wirtschaftspolitischem Gebiet eine Ergänzung und Erweiterung. So ermöglichte das *Gewerbeedikt* (28. Oktober 1810) durch Auflösung aller zunftbezogenen Bindungen die Freiheit und Wettbewerbsorientierung der Berufswahl. Es bündelte damit Kräfte zur Formierung einer «bürgerlichen Klassengesellschaft», deren Ordnung auf Rechtsgleichheit ebenso basierte wie auf sozialer und ökonomischer Ungleichheit. Dabei erwies sich rasch, daß die neuen, wirtschaftsliberalen Leitbilder dieser Ordnung – Konkurrenzstreben, Leistungsdruck und Erfolgszwang – auch eine Neueinschätzung der Rolle des hohenzollernschen Königtums in Staat und Gesellschaft nach sich ziehen sollten.

Heeresreform, Befreiungskriege und militärischer Triumph. Während Friedrich Wilhelm III. die meisten Bereiche des Stein-Hardenbergschen Reformwerks mit mehr oder weniger passivem

Wohlwollen geschehen ließ, begleitete er die nach 1806 eingeleitete Reorganisation des preußischen Heeres mit regem Interesse. Es war ihm bewußt, welche überragende Bedeutung einer von Grund auf erneuerten preußischen Militärmacht bei der Befreiung des Landes von der französischen Fremdherrschaft und der daraus folgenden Neuordnung Deutschlands und Europas zukommen mußte. So hat er alle wesentlichen Punkte des von den Militärreformern Scharnhorst und Boyen, Gneisenau, Clausewitz und Grolman vorangetriebenen Programms nach Kräften unterstützt. Dazu zählten die *Reorganisation des Offizierkorps* mittels Öffnung des Offizierberufs für Angehörige aller Bevölkerungsschichten (6. August 1808), das *Verbot entehrender Militärstrafen* (3. August 1808) sowie der Neuaufbau der Armee gemäß den Prinzipien eines modernen Volksheeres durch *Abschaffung der Ausländerwerbung* (20. November 1807) und *Einführung der Allgemeinen Wehrpflicht* (3. September 1814). Deren Grundprinzip allgemeiner staatsbürgerlicher Rechtsgleichheit ließ keine Befreiung einzelner privilegierter Gruppen vom Militärdienst mehr zu. Die Einrichtung der *Landwehr* schließlich (17. März 1813) schuf eine Nationalmiliz nach französischem Vorbild und diente der Mobilisierung aller verfügbaren Kräfte der Bevölkerung zum Kampf gegen die ungeliebten Besatzer.

Friedrich Wilhelm III. hat sich dann allerdings nur sehr zögernd, mehr getrieben als von eigener Initiative geleitet, der wachsend antifranzösischen Aufbruchstimmung in Preußen angeschlossen. Anfang 1812 war ihm sogar noch ein Bündnis mit Napoleon I. ratsam erschienen. Erst zur Jahreswende 1812/13 erfolgte die Wiederannäherung an das Zarenreich. Sie wurde nachhaltig gefördert durch den eigenmächtig getroffenen Entschluß des Generals David Ludwig Graf Yorck von Wartenburg (1759–1830) zur Kooperation der ihm unterstellten preußischen Truppen mit denjenigen des bisherigen russischen Kriegsgegners (*Konvention von Tauroggen*, 30. Dezember 1812). Als die Volksstimmung Anfang Februar 1813 außer Kontrolle zu geraten drohte, vollzog Friedrich Wilhelm III. den endgültigen Bruch mit Frankreich und die Hinwendung zum Lager der preußischen

VI. Niedergang und Reform (1786–1815)

und deutschen Patrioten (Aufrufe *An Mein Volk* und *An Mein Kriegsheer*, März 1813).

Trotz des militärischen Triumphes über Frankreich und des territorialen Zuwachses, den Preußen auf dem Wiener Kongreß 1815 durch den Erwerb Nordsachsens, Westfalens und des Rheinlandes für sich verbuchen konnte, ging der Hohenzollernstaat insgesamt mit einer ambivalenten Bilanz aus den Verwerfungen des europäischen Revolutionszeitalters hervor. Unbestreitbar waren die Innovations- und Transformationsleistungen der Reformzeit, die das am Boden liegende Land zwischen 1807 und 1813 auf evolutionärem Weg, ohne radikalen Bruch oder gewaltsamen inneren Umsturz, in die Moderne hineinführten. Doch das letzte, krönende Ziel, das den meisten preußischen Reformern vor Augen stand und den faktisch bereits vollzogenen Übergang Preußens von der Untertanengesellschaft zur Bürgergesellschaft auch äußerlich sichtbar markiert hätte, blieb unerreicht: die Einführung einer geschriebenen Verfassung und die politische Partizipation der Bevölkerung mittels einer gewählten, parlamentarisch verantwortlichen Volksvertretung. Erst im Gefolge der revolutionären Erschütterungen von 1848/49 sollte der Hohenzollernstaat den Übergang zum System des Konstitutionalismus vollziehen.

VII. Restauration, Revolution, Neubeginn (1815–1866)

Zwischen Stagnation und Modernisierung. Friedrich Wilhelm III. regierte sein territorial erheblich vergrößertes Land nach der relativen Beruhigung des Epochenjahres 1815 noch ein weiteres Vierteljahrhundert. Dies geschah, wie bereits vor 1806, weitgehend in den nur wenig abgemilderten Formen spätabsolutistischer monarchischer Selbstherrschaft. Impulse für eine zeitgemäße Fortführung des Reformwerkes oder gar für das Aufgreifen neuer politischer Entwicklungstrends ergaben sich daraus nicht. Zwar hatte der keineswegs antiliberal gesinnte Staatskanzler Hardenberg seinen Monarchen im Mai 1815 dazu veranlaßt, die baldige Bildung einer «Repräsentation des Volkes» anzukündigen. Doch innere Sachzwänge, ideologische Widerstände und außenpolitische Hemmnisse hatten diesen Plan nicht zur Reife gelangen lassen. 1823/24 kam es lediglich zur Einrichtung ständischer Vertretungskörperschaften für die acht preußischen Provinzen (*Provinzialstände*), die in der Folgezeit zwar mancherlei Aktivitäten im Rahmen landschaftlicher Selbstverwaltung entfalteten, jedoch keinen angemessenen Ersatz für die vielerorts verlangte gesamtpreußische «Nationalrepräsentation» zu bieten vermochten.

Nach Hardenbergs Tod 1822 gewannen die restaurativen Kräfte am Hof zusehends an Einfluß, zumal auch der Kronprinz, der spätere König Friedrich Wilhelm IV. (1795–1861), mit ihnen sympathisierte. Einen vollkommenen Stillstand im preußischen Staatsgefüge der Restaurationszeit hat es gleichwohl nicht gegeben. In den 1820er und frühen 1830er Jahren wurden zahlreiche Verwaltungsreformen auf den Weg gebracht (*Revidierte Städteordnung*, 1831), in denen man, nicht zu Unrecht, eine Art kompensatorische «Vorleistung» (Koselleck, 1981, S. 217) für die nach 1815 ausgebliebene Verfassungsgebung erblickt hat. In eine vergleichbare Richtung zielte die Etablierung des *Preußischen Staatsrats* 1817, der als ein die Krone beratendes, überwiegend aus hohen Beamten zusammengesetztes Sachverständigengremium ebenfalls zum Ersatz für die fehlende Volksvertretung geriet. Überhaupt war es der aufgeklärt und liberal orientierte Teil des preußischen Beamtentums, der sich in der Spätzeit Friedrich Wilhelms III. mit richtungweisenden Entscheidungen profilierte. Das galt besonders auf wirtschaftspolitischem Gebiet. Die Gründung des *Deutschen Zollvereins* 1834 war weitgehend das Werk der preußischen Ministerialbürokratie unter den nacheinander amtierenden Finanzministern Friedrich von Motz (1775–1830) und Karl Georg Maaßen (1769–1834). Die preußische Staatsführung stärkte damit die wirtschaftlichen Entfaltungsmöglichkeiten des aufstrebenden Bürgertums nachhaltig, ohne dabei allerdings die weithin geforderten politischen Partizipationsansprüche einzulösen.

Der Thronfolger. Angesichts der gerade vom Bürgertum empfundenen Immobilität des alternden, in seiner biedermeierlichen Einfachheit gleichwohl sehr populären Königs richteten sich die Hoffnungen vieler Zeitgenossen auf den Regierungsantritt des seit Jahrzehnten im Wartestand befindlichen Thronfolgers. Die Öffentlichkeit kannte den seit 1823 mit der bayerischen Prinzessin Elisabeth (1801–1873) glücklich, wenngleich kinderlos verheirateten preußischen Kronprinzen als einen hochgebildeten Intellektuellen, liebenswürdig, ideenreich und allseitig interessiert, als eine Persönlichkeit, die lebhaften Austausch mit führenden deutschen Schriftstellern und Gelehrten, Künstlern und Komponisten pflegte und sich im jugendlichen Alter sogar an einem Roman versucht hatte (*Die Königin von Borneo*, 1816/17). Schelling und Tieck, die Grimms und die Humboldts gehörten ebenso zu seinem vertrauten Umgang wie Friedrich de la Motte Fouqué, Bettina von Arnim oder Felix Mendelssohn-Bartholdy. Durch aktive Förderung der unterschiedlichsten kulturellen und kulturpolitischen Unternehmungen hatte sich der preußische Thronfolger innerhalb wie außerhalb der Grenzen seines Landes einen Namen gemacht. Politisch freilich stand er unbeirrt im Lager der Restauration. Bereits zu Beginn der 1820er Jahre hatte er gegen Hardenbergs Plan einer Volksvertretung für den preußischen Gesamtstaat Stellung bezogen. Seitdem favorisierte er ein Staatsmodell auf ständischer Grundlage, das eine Art Mittelweg erstrebte zwischen dem konstitutionellen Repräsentativsystem «westlicher» Prägung mit verfassungsmäßig garantierter Regierungsbeteiligung einer gewählten parlamentarischen Volksvertretung einerseits und einem bürokratisch-etatistischen, obrigkeitsstaatlich orientierten Herrschaftsprinzip andererseits, wie es der Regierungspraxis seines Vaters zugrunde gelegen hatte. Fürst und Volk sollten stattdessen, getragen von wechselseitigem Vertrauen und ohne «störenden» Verfassungsvertrag, eine «organische» Gemeinschaftsordnung bilden, die Königtum und Landeskinder unmittelbar zusammenband. Mit dem Verfassungsideal des sich damals zunehmend als meinungsführend artikulierenden Frühliberalismus waren solche Auffassungen unvereinbar.

Künstler und König. Während die politische Vorstellungswelt Friedrich Wilhelms IV. umstritten blieb, fanden seine künstlerischen Aktivitäten den einhelligen Beifall der Mit- und Nachwelt. Stärker noch als Friedrich der Große hat er hier eigenständige Talente entwickelt und nicht nur als Mäzen, sondern als Architekt und Städteplaner schöpferisch gewirkt. Seine lebhafte Phantasie fand in Tausenden von Zeichnungen, Skizzen und Entwurfsblättern ihren Niederschlag, die er mit gekonnter Hand zu Papier brachte. Von seinen baukünstlerischen Ambitionen haben viele Regionen des Hohenzollernstaates profitiert. So verdankte das seit 1815 zu Preußen gehörende Rheinland dem König – wie übrigens auch seinen Brüdern – die Wiederherstellung verfallender mittelalterlicher Burgen (Rheineck, Rheinstein, Sooneck, Stahleck, Stolzenfels), wobei die spätmittelalterlich-gotische Baukunst dem Monarchen, wie zahlreichen seiner Zeitgenossen, als spezifisch «nationaler» Stil erschien. Auch die Bestrebungen zur Vollendung des *Kölner Doms* fanden in Friedrich Wilhelm IV. einen eifrigen Fürsprecher (Übernahme der Schirmherrschaft des *Kölner Zentral-Dombauvereins*, 1841). Dessen

VII. Restauration, Revolution, Neubeginn (1815–1866)

Friedrich Wilhelm IV., eigenhändige Entwurfszeichnung
der Friedenskirche in Potsdam

Aufbau galt ihm als ästhetisch-religiöses Ereignis und als symbolpolitischer Akt zugleich – Ausdruck des Wunsches nach nationaler Erneuerung und Metapher für den Bau an der werdenden Einheit Deutschlands.

Entscheidende Beeinflussung erfuhr darüber hinaus der Potsdam-Berliner Residenzenraum von den architektonischen und landschaftsgärtnerischen Aktivitäten des Monarchen. Zu Peter Joseph Lenné (1789–1866), dem bedeutendsten Gartenbaukünstler der Epoche, hatte Friedrich Wilhelm IV. bereits in seiner Zeit als Kronprinz enge Verbindungen geknüpft. Mit ihm war er sich darüber einig, den Potsdamer Raum als «Landschaftskunstwerk», (Börsch-Supan, 1980, S. 276) zu gestalten, das heißt einen harmonischen Zusammenklang von Architektur und Natur anzustreben. Schloß *Charlottenhof* (1826/27), Schloß *Lindstedt* (1859/60) und die *Orangerie* im Park von Sanssouci (1851–1856) wurden, angelehnt an den Stil der italienischen Renaissance, gemäß dieser Intention bewußt landschaftsbezogen konzipiert und durch eigenhändige Entwurfszeichnungen des Königs in ihrem endgültigen Aussehen entscheidend beeinflußt. Das galt auch für die meisten großen Sakralbauten, die während seiner Regierungszeit in der hauptstädtischen Umgebung entstanden sind. Für die *Nikolaikirche* in Potsdam (1830–1849) setzte er, noch als Kronprinz, in enger Zusammenarbeit mit Karl Friedrich Schinkel (1781–1841) gegen heftige Widerstände innerhalb der sparsamen preußischen Bauverwaltung einen aufwendigen Kuppelbau durch. Für die *Heilandskirche* in Sacrow – 1844 von Ludwig Persius (1803–1845) errichtet – und für die *Friedenskirche* im Park von Sanssouci – zwischen 1845 und 1854 von Friedrich August Stüler (1800–1865) und Ludwig Ferdinand Hesse (1795–1876) gebaut – wählte er bewußt Vorbilder des altchristlich-basilikalen Stils und gab damit seinem Wunsch nach einer Glaubenserneuerung im Geist jener urchristlichen Frömmigkeitsideale Ausdruck, die diesem Baustil einst zugrunde gelegen hatten.

Ein Erweckungschrist. Die Wiederaufnahme «urchristlicher» Architekturformen in der zeitgenössischen Kirchenbaukunst war bei Friedrich Wilhelm IV. keine historistische Extravaganz. Sie erwies sich als Bestandteil eines großangelegten religionspolitischen Programms, das einem durch fortschreitende Säkularisation und philosophischen Materialismus geprägten Zeitgeist die Idee eines «christlichen Staates» gegenüberstellte. Der König war stark geprägt vom Ideengut der *Erweckungsbewegung.* Diese hatte sich in den Jahren nach den Befreiungskriegen im Widerstand zum rationalistisch und aufklärerisch gesinnten Staatskirchentum auch in Preußen formiert und zielte auf eine «Wiederverkirchlichung» des öffentlichen Lebens durch Rückkehr zum Bibelglauben, Neubetonung der reformatorischen Lehre und verstärkte Hinwendung zum urchristlichen Prinzip tätiger Nächstenliebe. Bei Friedrich Wilhelm IV. verbanden sich solche Auffassungen mit dem Plan einer «Zuendeführung» der evangelisch-lutherischen Reformation, als deren erster Schritt ihm die Beseitigung des landesherrlichen Kirchenregiments galt – seit Einführung der Reformation in Brandenburg durch Kurfürst Joachim II. 1539 waren die Hohenzollernherrscher bekanntlich Oberste Bischöfe der lutherischen Landeskirche. Stattdessen sollten – nach dem Vorbild der anglikanischen Kirche – evangelische Bischöfe eingesetzt und die Funktionen des Monarchen auf eine Art Schirmherrschaft über die Kirche beschränkt werden. Dies erschien ebenso als ein erster Schritt zur Annäherung an das erstrebte «apostolische» Ideal wie die Bemühungen

Friedrich Wilhelm IV., Porträtaufnahme von 1847

des Königs, die konfessionellen Differenzen zwischen den verschiedenen Bekenntnissen im Sinn urchristlicher Einheit zu überbrücken. Realisieren konnte Friedrich Wilhelm IV. seine ambitionierten kirchenpolitischen Ziele nicht. Es kam lediglich zu einer begrenzten Kooperation mit der anglikanischen Kirche – durch Gründung eines gemeinsamen Bistums in Jerusalem (1845), das in der Folgezeit abwechselnd von einem preußischen und einem englischen Bischof besetzt werden sollte und bis 1887 bestanden hat.

Innenpolitik zwischen Kompromiß und Konfrontation. Friedrich Wilhelm IV. übernahm bei seinem Regierungsantritt im Mai 1840 ein grundsätzlich gefestigtes Staatswesen, das allerdings durch zwei innenpolitische Probleme aktuell stark belastet war: die Kirchen- und die Verfassungspolitik. 1817 hatte der königliche Vater und Vorgänger den von ihm zeitlebens erstrebten Zusammenschluß der lutherischen und der reformierten Glaubensgemeinschaft zu einer «unierten» evangelischen Landeskirche verfügt (*Evangelische Kirche der Union*). Die Angehörigen beider protestantischen Bekenntnisse bildeten in Preußen seitdem eine Sakramentsgemeinschaft. Das war nicht ohne Widerspruch hingenommen worden. In Schlesien und Pommern hatten sich Gegenkräfte geregt, die am «reinen» Luthertum festhielten und sich zur protestantischen Freikirche der *Altlutheraner* formierten. Nachdem die preußische Regierung dagegen mit völlig überzogenen Verbots- und Verfolgungsmaßnahmen vorgegangen war, hatte sich ein Teil der pommerschen Altlutheraner sogar zur Auswanderung in die Vereinigten Staaten entschlossen und diesen Schritt ab 1839 dann auch vollzogen. Noch weitaus spannungsreicher entwickelten sich die Beziehungen des Hohenzollernstaates zur katholischen Kirche, besonders zu den Vertretern der an den Vorgaben Roms orientierten «ultramontanen» Richtung. Mit deren hartnäckigsten Repräsentanten, dem (seit 1837 amtierenden) Kölner Erzbischof Clemens August von Droste-Vischering (1773–1845) und dem (seit 1831 amtierenden) Erzbischof von Posen-Gnesen Martin von Dunin (1774–1842), war es über die Frage der Erziehung von Kindern aus gemischtkonfessionellen Ehen ab Mitte der 1830er Jahre zu heftigen Auseinandersetzungen gekommen. Die beiden Geistlichen hatten kompromißlos darauf bestanden, daß Kinder aus solchen Ehen im römisch-katholischen Glauben erzogen werden müßten und waren daraufhin auf persönliche Intervention Friedrich Wilhelms III. amtsenthoben und zu (milder) Festungshaft verurteilt worden. Der als *Mischehenstreit* (*Kölner Wirren*) für erhebliche Unruhe im katholischen Kirchenvolk Preußens sorgende staatskirchenrechtliche Grundsatzkonflikt wurde von Friedrich Wilhelm IV. unmittelbar nach Regierungsantritt durch entgegenkommende Maßnahmen des preußischen Staates entschärft und 1842 endgültig beigelegt. Das hat dem König viele Sympathien bei seinen katholischen Untertanen eingetragen.

Weitaus weniger glücklich agierte der neue Monarch hingegen bei dem Versuch, das zweite große innenpolitische Problem des Hohenzollernstaates in den Griff zu bekommen: die seit dem (uneingelösten) Verfassungsversprechen von 1815 «offene» Verfassungsfrage. Anders als in den süd- und südwestdeutschen

Staaten, die ihre heterogenen Gebietsteile nach 1815 durch Erlaß einer Verfassung und Einführung gewählter parlamentarischer Volksvertretungen miteinander zu verklammern versucht hatten, war in Preußen die Verfassungsgebung damals zugunsten einer Konsolidierung der Verwaltung unterblieben. Friedrich Wilhelm IV. erkannte die Reformbedürftigkeit der preußischen Verfassungsverhältnisse, wünschte jedoch nicht, wie die Mehrheit der preußischen Liberalen, eine Übernahme des konstitutionellen Repräsentativsystems «westlicher» (d. h. vor allem französischer bzw. belgischer) Prägung, sondern strebte danach, das Verfassungsleben auf ständisch-korporativer Basis neu zu gestalten. Der Realisierung dieses Zieles, das in weitgehender Übereinstimmung mit den Positionen der politischen Romantik stand, dienten verschiedene verfassungspolitische Experimente. Hierzu zählte die 1842 erfolgte Einberufung der *Vereinigten Ausschüsse*, gebildet aus Vertretern der acht preußischen Provinziallandtage und konzipiert als vorläufiger Ersatz für einen «Allgemeinen Landtag». Auch die durch königliches Patent vom 3. Februar 1847 verfügte Zusammenkunft der Mitglieder aller Provinziallandtage (insgesamt 613) zu einem *Vereinigten Landtag* entsprach durch dessen Einteilung in «Kurien», zumindest äußerlich, dem ständestaatlichen Idealbild des Monarchen. Rasch jedoch entwickelten sich die Landtagssitzungen zu Manifestationen konstitutioneller Partizipationsforderungen für den preußischen Gesamtstaat und endeten im Streit über die Kompetenzen zur Finanzierung einer von Berlin nach Königsberg geplanten «Ostbahn»: Die Mehrheit der Ständevertretung verweigerte der Regierung aus prinzipiellen Gründen die Bewilligung der dafür beantragten Gelder.

Märzrevolution. Der Ausbruch der Revolution traf Friedrich Wilhelm IV. unvorbereitet. Sein Verhalten in den Krisentagen des März 1848 speiste sich aus einer Mischung von Selbstzweifeln und Apathie, Konzessionsbereitschaft und Resignation und gipfelte in aufrichtig empfundener Erschütterung über die Eskalation der Gewalt während der Berliner Barrikadenkämpfe am 18. März 1848. Der König hatte sich kurz zuvor, unter starkem äußeren Druck, zu entscheidenden Zugeständnissen an die Wünsche der liberalen Volksbewegung (*Märzforderungen*) entschlossen. Während der daraufhin spontan veranstalteten Dankesbekundung vor dem Berliner Schloß kam es zu Auseinandersetzungen zwischen aufgebrachten Bürgern und der verunsicherten Schloßwache, die mit einem Schußwechsel endeten und in den offenen Bürgerkrieg mündeten. Der Entschluß des Königs, seine Truppen aus dem Stadtgebiet zurückzuziehen, gab Berlin den Revolutionären preis und beraubte das Schloß jeder effektiven Bewachung. Inmitten solcher Verwirrung bewies der König dann freilich Augenmaß und Verständigungswillen, indem er durch eine eigenhändig verfaßte Proklamation *An meine lieben Berliner* zur Versöhnung der gegeneinander kämpfenden Bürgerkriegsparteien aufrief und so zur Entspannung der weiterhin explosiven Lage beitrug.

Dennoch erlebte die Hohenzollernmonarchie ihre bis dahin wohl tiefste öffentliche Demütigung, nachdem sich Friedrich Wilhelm IV. am 19. März 1848 auf Druck einer versammelten Volksmenge dazu gezwungen sah, den auf dem Berliner Schloßplatz aufgebahrten (über 300) gefallenen Barrikadenkämpfern seine Reverenz zu erweisen. Als der König am 25. März 1848 bei einer Ansprache an seine Gardeoffiziere in Potsdam unter Bezugnahme auf die Ereignisse der vorangegangenen Woche feststellte, er habe sich niemals freier und sicherer gefühlt, als unter dem Schutz der sein Schloß – ohne Hilfe des Militärs – bewachenden zivilen Berliner Bürgergarde, erhob sich, nach der Erinnerung Otto von Bismarcks, der damals Ohrenzeuge dieser Ansprache gewesen war, «ein Murren und Aufstoßen von Säbelscheiden, wie ein König von Preußen es in Mitten seiner Offiziere nie gehört haben wird und hoffentlich nie wieder hören wird» (Werke, Bd. 15, 1932, S. 22).

Erfolgreiche Verfassungsgebung und gescheiterte deutsche Politik.
Den Übergang Preußens zum konstitutionellen System hatte Friedrich Wilhelm IV. prinzipiell bereits anläßlich einer Kabinettssitzung am 17. März 1848 verkündet. Am 19. März 1848 erhielt Preußen seine erste konstitutionelle Regierung unter Vor-

VII. Restauration, Revolution, Neubeginn (1815–1866)

sitz des gemäßigt konservativen früheren Innenministers Adolf Heinrich Graf von Arnim-Boitzenburg (1803–1868) als Ministerpräsident, der allerdings schon nach zehn Tagen vom König durch den rheinischen Liberalen Ludolf Camphausen (1803–1890) ersetzt wurde. Die im März versprochenen Wahlen zu einer verfassunggebenden preußischen Nationalversammlung brachten im Mai 1848 den vorläufigen Triumph des linken und liberalen Lagers, das die große Mehrheit der Abgeordneten stellte, während die Konservativen weitgehend marginalisiert wurden. Danach freilich gewann die Krone wieder an Boden. Es gelang der preußischen Nationalversammlung in den Folgemonaten nicht, mit der Regierung zu einer Verfassungsvereinbarung zu kommen, so daß Friedrich Wilhelm IV. nach mehrfachen Kabinettsumbildungen durch Installierung eines gegenrevolutionären Kampfministeriums unter Leitung des Grafen Friedrich Wilhelm von Brandenburg (1792–1850), eines illegitimen Sohnes Friedrich Wilhelms II. und damit Onkels des Königs, im November 1848 die politische Initiative zurückerlangte. Er konnte es wagen, die sich zusehends nach links radikalisierende Nationalversammlung zunächst von Berlin nach Brandenburg zu verlegen und schließlich staatsstreichartig aufzulösen (5. Dezember 1848). Gleichzeitig oktroyierte die königliche Regierung eine Verfassung, die in ihren Grundzügen überraschend liberal ausfiel. Sie trat nach einer im konservativen Sinn erfolgten Teilrevision am 6. Februar 1850 in Kraft und bildete bis zum Ende der Monarchie 1918 die konstitutionelle Basis des Hohenzollernstaates.

Zeitgleich mit seinen konstitutionellen Konzessionen hatte sich Friedrich Wilhelm IV. im März 1848 von der allgemeinen Begeisterung für die deutsche Nationaleinheit mitreißen lassen. Im Unterschied zu den meisten anderen Repräsentanten des vormärzlichen Konservativismus war er, stark beeinflußt von der romantischen Nationalidee, seit seiner Jugendzeit ein Anhänger der «deutschen Sache» gewesen, für deren Realisierung sich nun, im Gefolge der Märzumwälzungen, ungeahnte Perspektiven zu bieten schienen. Der aufsehenerregende Umritt, den der König am 23. März 1848 durch die Straßen Berlins unternahm – unter

Anlegung der schwarzrotgoldenen Trikolore und mit dem vielversprechenden Bekenntnis «Preußen geht fortan in Deutschland auf» (*An Mein Volk und an die Deutsche Nation*) –, vollzog den demonstrativen Schulterschluß mit den Zielen der deutschen Nationalbewegung. Deren politisches Artikulationsorgan, das Frankfurter Paulskirchenparlament, konnte denn auch mit einiger Zuversicht darauf hoffen, daß Friedrich Wilhelm IV. die ihm Ende März 1849 von der Versammlung auf Grundlage der zuvor verkündeten Reichsverfassung angebotene erbliche (klein-)deutsche Kaiserkrone annehmen werde. Doch der König, überzeugt vom Gottesgnadentum der Fürsten und vom Vorrang des monarchischen Prinzips, sprach den Paulskirchenparlamentariern das Recht zur Kaiserwahl ab und hielt überdies allein das Haus Habsburg für befugt, Träger eines solchen Amtes zu sein. Einem Hohenzollern gebühre allenfalls die nachgeordnete Stellung eines deutschen Königs.

Unmittelbar nach Zurückweisung der in Frankfurt beschlossenen kleindeutsch-erbkaiserlichen Lösung der deutschen Frage hat Friedrich Wilhelm IV. seinerseits den Versuch unternommen, einen deutschen Bundesstaat unter preußischer Führung zu schaffen – nicht freilich in Kooperation mit der populären Einheitsbewegung, sondern auf dem Weg freiwilliger Vereinbarungen mit den monarchischen Regierungen als den für ihn einzig legitimen Obrigkeiten Deutschlands. Diese unter dem Begriff *Unionspolitik* firmierenden deutschlandpolitischen Aktivitäten des preußischen Königs fanden im engeren Deutschland zunächst erhebliche Resonanz, auch bei den einzelstaatlichen Regierungen. Preußen, Sachsen und Hannover schlossen im Mai 1849 ein *Dreikönigsbündnis*, in welchem sie sich zur Errichtung eines deutschen Bundesstaates ohne Österreich verpflichteten. Unterstützt und vorangetrieben von seinem Freund und Ratgeber Joseph Maria von Radowitz (1797–1853), der von September bis November 1850 als preußischer Außenminister amtierte, strebte Friedrich Wilhelm IV. damals gleichsam nach einer «Quadratur des Kreises»: einer preußisch dominierten *Deutschen Union* unter Ausschluß Österreichs, bei gleichzeitiger Aufrechterhaltung eines wie auch immer gearteten Bundesverhältnisses mit dem habsburgischen Kaiserstaat. In diesem Sinn unterschied die am 28. Mai 1849 verabschiedete *Unionsverfassung* zwischen einem «gesamtdeutschen» Staatenbund einschließlich aller Territorien des Habsburgerreiches (mit Reichsoberhaupt, Reichsministerien und gemeinsamer Außenpolitik) einerseits und einem «engeren», von Preußen geführten Bundesstaat (mit Fürstenkollegium, Länderkammer und Volksvertretung) andererseits, der alle deutschen Länder mit Ausnahme Österreichs umfassen sollte. Immerhin schlossen sich dieser *Union* bis Ende 1849 insgesamt 26 deutsche Staaten an, und im März 1850 trat in Erfurt das verfassungsgemäß gewählte *Unionsparlament* zusammen. Doch die Deutschlandpolitik Friedrich Wilhelms IV. scheiterte am vorauszusehenden Widerstand Österreichs, das seinerseits von Rußland unterstützt wurde. Und da der König, anders als sein jüngerer Bruder und präsumtiver Nachfolger Prinz Wilhelm (I.) (1797–1888), keine kriegerische Auseinandersetzung mit dem deutschen Rivalen wünschte, gab Preußen in der *Olmützer Punktation* (29. November 1850) die Unionspolitik auf.

Das «Reaktionsjahrzehnt». Im Unterschied zu Österreich kehrte das nachrevolutionäre Preußen nicht zur absolutistischen Regierungsform zurück. Die 1848 oktroyierte Verfassung blieb (in ihrer revidierten Form vom 31. Januar 1850) dauerhaft in Kraft. Trotz prinzipieller Wahrung des monarchischen Prinzips war der König in Preußen jetzt keineswegs mehr der alleinige Inhaber der Souveränität. Sowohl das *Abgeordnetenhaus* als auch die *Erste Kammer* (seit 1854: *Herrenhaus*) waren an der Ausübung der Staatsgewalt beteiligt und wirkten an der Gesetzgebung und der jährlichen Festsetzung des Budgets mit. Zudem konnte der Monarch ohne billigende Gegenzeichnung des jeweils zuständigen Ministers keine rechtswirksamen Regierungshandlungen vornehmen (*Prinzip der ministeriellen Verantwortlichkeit*). Dennoch verblieben dem König auch im konstitutionellen Preußen erhebliche Prärogativen. Er hatte das Recht, die Minister nach freiem Ermessen zu ernennen und zu entlassen, ohne dabei den Wünschen der Volksvertretung Rechnung tragen zu müssen. Überdies besaß er durch seine militärische Kommandogewalt den Oberbefehl über das Heer und übte bestimmenden Einfluß in allen auswärtigen Angelegenheiten aus. Verfassungsgeschichtlich erwies sich das nachmärzliche Preußen damit als europäischer Normalfall einer konstitutionellen Monarchie, deren charakteristisches Merkmal bekanntlich darin bestand, daß die verfassungsmäßig beschränkte Königsmacht und das vom Volk gewählte Parlament notwendig aufeinander angewiesen waren, um ein reibungsloses Funktionieren der legislativen und exekutiven Gewalt zu garantieren. Allerdings besaß im konstitutionellen Preußen die Krone eine deutliche Vorrangstellung gegenüber der Volksvertretung, deren Abgeordnete zudem seit 1849 (und bis 1918) durch das *Dreiklassenwahlrecht* bestimmt wurden. Dieses sah eine zensusbezogene Abstufung der Wählerschaft gemäß ihres jeweiligen Steuereinkommens in drei Klassen vor. Doch auch solche Wahlrechtsbeschränkungen waren keine preußischen Besonderheiten. Großbritannien kannte sie damals ebenso wie das Königreich Belgien, der liberale Musterstaat *par excellence*.

Friedrich Wilhelm IV. hat sich nach 1850 nur begrenzt mit den verfassungsstaatlichen Gepflogenheiten seines Landes zu identifizieren vermocht. Er beharrte weiterhin auf dem mittlerweile völlig unzeitgemäßen Ideal einer ständisch gegliederten Monarchie, während selbst die preußischen Konservativen mehrheitlich Gefallen am Konstitutionalismus fanden, weil er ihnen bisher unbekannte Möglichkeiten zur politischen Einflußnahme auf parlamentarischem Weg eröffnete. Vor einer Totalrevision des konstitutionellen Systems schreckte der König indes zurück, denn er fühlte sich seit seiner Eidesleistung auf die Verfassung (6. Februar 1850) an deren Inhalt gebunden. Stattdessen versuchte der von 1850 bis 1858 amtierende Ministerpräsident Otto von Manteuffel (1805–1882), ein Exponent der konservativen Ministerialbürokratie, die Weiterentwicklung Preußens zu einem modernen Verfassungsstaat durch Einzelmaßnahmen aufzuhalten. Hierzu zählte die 1854 erfolgte Umwandlung der *Ersten Kammer*, die bisher nach einem das Besitzbürgertum begünstigenden Zensus gewählt wurde, in das *Herrenhaus*, dessen Zusammensetzung nun stärker vom Monarchen dominiert

VII. Restauration, Revolution, Neubeginn (1815–1866) 95

wurde. Auch willkürliche Eingriffe in die Presse – bei dauerndem Fortfall der Vorzensur – sowie Bestrebungen zur Beeinflussung der Abgeordnetenhauswahlen von 1852 und 1855 gehörten zum diesbezüglichen Repertoire der Regierung Manteuffel. Die Reputation der Dynastie wurde dadurch nicht verbessert – um so weniger, als sich auch in der preußischen Außenpolitik der 1850er Jahre, zumindest vordergründig, keine erfolgversprechende Lösung der «deutschen Frage» abzeichnete.

Preußen im Krimkrieg. Möglichkeiten in dieser Richtung schienen sich für Preußen während der militärischen Auseinandersetzungen auf der Krim zu eröffnen. Dort hatte Zar Nikolaus I. (1796–1855) im trügerischen Bewußtsein unumschränkter Machtmöglichkeiten seines Landes 1854 einen Krieg gegen das Osmanische Reich angezettelt, der Rußland territoriale Erweiterungen im Kaukasus und Prestigegewinn in Südosteuropa verschaffen sollte. Großbritannien und Frankreich waren daraufhin dem Sultan in Konstantinopel zu Hilfe geeilt und warben um den Beitritt Preußens zur antirussischen Allianz. Zahlreiche hohe Entscheidungsträger der preußischen Politik – unter ihnen kein geringerer als der Thronfolger Prinz Wilhelm (I.) – forderten damals den Anschluß an die Westmächte, führende Repräsentanten des preußischen Konservatismus wollten demgegenüber die Verbindung mit Rußland halten. Friedrich Wilhelm IV. selbst optierte weder für eine west- noch für eine ostpolitische Festlegung, sondern für Wahrung strikter Neutralität. Seine verwandtschaftlichen Beziehungen zum Zarenhof – die Gattin des regierenden Zaren Nikolaus I., Alexandra Feodorowna (1798–1860), war (als Prinzessin Charlotte) eine Schwester Friedrich Wilhelms IV. – mochten für diesen Entschluß ebenso mitverantwortlich sein wie des Königs ethisch motivierter Wille, seine Soldaten nicht für eine kriegerische Unternehmung zu opfern, bei der keine preußischen Interessen auf dem Spiel standen. Friedrich Wilhelm IV. hielt an diesem Neutralitätskurs auch nach dem Beitritt Österreichs zur Allianz der Westmächte gegen Rußland (2. Dezember 1854) unbeirrt fest. Die Politik seines Nachfolgers hat davon später sehr zu profitieren vermocht. Denn während sich das Habsburgerreich durch seine Option für die Westmächte die langandauernde Feindschaft Rußlands zuzog, verbanden den Hohenzollernstaat weiterhin gute Beziehungen mit Sankt Petersburg.

Der Regent und die Politik der «Neuen Ära». Im Oktober 1857 wurde nach einem Schlaganfall des Königs dessen Bruder, Prinz Wilhelm, zunächst mit der Stellvertretung, dann, angesichts einer dramatischen Verschlechterung des königlichen Gesundheitszustands im Oktober 1858, mit der Regentschaft betraut. Friedrich Wilhelm IV., dessen Intellekt einst Künstler und Gelehrte in ganz Europa beeindruckt hatte, starb, geistig vollständig erloschen, sprachunfähig und gelähmt, am 2. Januar 1861.

Prinz Wilhelm hatte bereits zu Lebzeiten des Bruders, unmittelbar nach Übernahme der Regentschaft, dessen konservatives Ministerium Manteuffel entlassen, ein gemäßigt-liberales Kabinett berufen und in einer vielbeachteten Rede die berühmten Worte gesprochen, Preußen müsse «durch Ergreifung von Einigungselementen» zukünftig «moralische Eroberungen» (Neugebauer, 2003, S. 150) in Deutschland machen. Solche Bekundungen waren bemerkenswert, weil Wilhelm in den 1840er Jahren als reaktionärer «Ultra» gegolten hatte. Während der Märzrevolution 1848 war er auf Grund seiner absolutistischen Gesinnung und wegen seines Eintretens für gewaltsam antirevolutionäre Maßnahmen als «Kartätschenprinz» zur Zielscheibe öffentlicher Entrüstung geworden. Er mußte damals sogar für mehrere Monate unter falschem Namen ins Exil nach London gehen. Dort freilich hatte er sich von der Effektivität parlamentarischen Lebens zu überzeugen vermocht und war als entschiedener Befürworter des konstitutionellen Systems nach Preußen zurückgekehrt, kurzzeitig sogar als gewählter Abgeordneter für den Wahlkreis Wirsitz (Posen) in der preußischen Nationalversammlung aktiv gewesen. In seiner anschließenden Funktion als Militärgouverneur für die Rheinprovinz und Westfalen knüpfte er dann (von 1849 bis 1857) engere Kontakte zu Vertretern des rheinischen Liberalismus und entwickelte dabei zunehmend Sympathien für eine kleindeutsche Lösung der nationalen Frage unter preußischer Führung. Konsequenterweise optierte der Prinz

VII. Restauration, Revolution, Neubeginn (1815–1866) 97

Krönung Wilhelms I.
in Königsberg, Gemälde von
Adolph Friedrich Menzel, 1861

während des Krimkrieges zugunsten eines Zusammengehens Preußens mit Großbritannien und Frankreich, den beiden «liberalen» Nationalstaaten des «Westens». Bestätigt und bestärkt wurde er in dieser Haltung durch seine ihm intellektuell überlegene und politisch ambitionierte Gattin, die sachsen-weimarische Großherzogstochter Augusta (1811–1890), die sich den liberalen Traditionen ihres Hauses verpflichtet fühlte.

Dennoch ist Wilhelm I. kein Anhänger des Liberalismus gewesen. Neben seinen begrenzt liberalen und nationalen Neigungen standen ausgeprägt dynastische Empfindungen sowie ein starkes Bewußtsein von der Macht und Würde seines monarchischen Amtes. Am 18. Oktober 1861 unterzog er sich in Königsberg als einziger preußischer König nach 1701 dem aufwendigen Zeremoniell der (Selbst-)Krönung. Zudem dachte er zeitlebens in den militärischen Kategorien von Befehl und Gehorsam und fühlte sich, seiner beruflichen Ausbildung zum Offizier entsprechend, in erster Linie als Soldat.

Heeresreorganisation und Verfassungskonflikt. Es waren denn auch militärpolitische Grundsatzfragen, die dem zum Zeitpunkt seiner Thronbesteigung bereits 64jährigen Monarchen Anlaß für die Beendigung der «Neuen Ära» und für den Bruch mit dem Liberalismus boten. Über die prinzipielle Reformbedürftigkeit der preußischen Armee herrschte zwischen der Regierung des Königs und der Mehrheit des Abgeordnetenhauses durchaus Einigkeit. Vor allem die Erhöhung der jährlich einzuberufenden Rekrutenzahl war unumstritten, denn die Einberufungen erfolgten noch immer gemäß demographischer Berechnungen von 1814, während die Bevölkerung Preußens seitdem um ein Vielfaches gewachsen war. Doch Wilhelm I. ging es nicht nur um die zahlenmäßige Erhöhung der Rekruten und um die Steigerung der Schlagfertigkeit seines Heeres. Im Interesse einer militärischen Charakterformung der Soldaten strebte er nach Verlängerung ihrer Wehrdienstzeit von zwei auf drei Jahre. Darüber hinaus wollte er die Autonomie der von ihm für ineffizient gehaltenen *Landwehr* beseitigen, jener «bürgerlichen» Milizformation aus ungedienten älteren Jahrgängen, die seit den Befreiungskriegen neben den regulären Heeresformationen aufgestellt wurde und gemeinhin als «freiheitliche» Errungenschaft galt. Das Abgeordnetenhaus, seit 1858 infolge des Dreiklassenwahlrechts von den Liberalen dominiert, vermutete hinter solchen militärorganisatorischen Bestrebungen – nicht zu Unrecht – den Willen zur politischen Disziplinierung der Truppe. Es begegnete dem Reformprogramm Wilhelms I. mit hinhaltendem Widerstand, indem es die geforderten Finanzmittel zunächst nur provisorisch bewilligte. Daraufhin schuf die Krone durch Aufstellung neuer Regimenter vollendete Tatsachen. Sie bemühte dabei das Argument, dem Monarchen stehe als Oberbefehlshaber des Heeres verfassungsgemäß die letzte Entscheidungsgewalt in allen militärischen Fragen und damit auch die Befugnis zur Festlegung von Heeresstärke und Dienstzeiten zu. Das Abgeordnetenhaus bestand demgegenüber auf Inanspruchnahme seines gleichfalls verfassungsmäßig garantierten Budgetrechts auf militärpolitischem Gebiet.

Ausgehend von dieser Kompetenzenkollision weitete sich der Streit um die Heeresreform zu einem Grundsatzkonflikt über den Geltungsbereich der preußischen Verfassung. Dabei ging es zunehmend um die Alternative, ob in Preußen – wie bisher – das Prinzip der Königsherrschaft dominieren oder ob der Staat künftig den Weg des Parlamentarismus einschlagen sollte. Wilhelm I. zeigte auch nach Auflösung des Abgeordnetenhauses und klarem liberalen Wahlsieg – seit Mai 1862 hielten alle liberalen Gruppierungen zusammengenommen einen Anteil von über 80 Prozent der Mandate – keine Bereitschaft, seine Forderung nach dreijähriger Dienstzeit zu modifizieren. Eher dachte er an Kronverzicht. Die Abdankungsurkunde war bereits ausgefertigt (18. September 1862), doch der Thronfolger, spätere König und Kaiser Friedrich III. (1831–1888), weigerte sich angesichts der latenten Staatskrise beharrlich, die politische Verantwortung zu übernehmen. Er verpaßte damit, wie sich später zeigen sollte, die politische Chance seines Lebens. Es galt als sicher, daß der (seit 1858) mit der englischen Prinzessin Victoria (1840–1901) verheiratete Kronprinz, der die väterliche Politik keineswegs befürwortete, im Fall eines Regierungsantritts den Konfrontationskurs gegenüber dem Abgeordnetenhaus aufgegeben hätte. Friedrich favorisierte damals die Einführung einer parlamentarischen Monarchie nach britischem Vorbild. Stattdessen berief Wilhelm I. nach der Verweigerung des Sohnes, gleichsam als letztes Aufgebot, den preußischen Botschafter in Paris Otto von Bismarck (1815–1898) zum Ministerpräsidenten. Bismarck war von Anfang an bereit, den Verfassungskampf gegen die Parlamentsmehrheit im Sinn des Königs durchzufechten. Im September 1866, angesichts einer mittlerweile vollkommen veränderten politischen Lage, vermochte er diesen Kampf insofern auch zu beenden, als das preußische Abgeordnetenhaus seiner seit 1862 budgetrechtlich nicht legitimierten Regierung nachträglich *Indemnität* (d. h. Entlastung) erteilte.

Doch dieser Sieg der preußischen Krone war ein Pyrrhussieg. Die vordergründig stabilisierte Königsmacht stand nämlich seither, stark exponiert, einmal mehr im Schnittpunkt heterogener gesellschaftlicher Interessengruppen. Dadurch wurde der Monarch persönlich in hohem Maß angreifbar. Er war weitaus stärker den Gefahren schwerwiegender Fehlentscheidungen ausgesetzt als etwa die sich immer mehr zurücknehmenden Könige im Westen und Norden Europas. Sie agierten im Windschatten der Aktivitäten von Parlament und Regierung. So konnten sie in die Rolle repräsentativer Staatssymbole hineinwachsen und neue, überparteilich-demokratische Identifikationsmöglichkeiten für alle Bevölkerungsschichten ihres Landes bieten. Das Königtum der Hohenzollern hingegen ging nach 1866 andere Wege.

Zwischenspiel auf dem Balkan. Im gleichen Jahr, das den Hohenzollern in Preußen durch Bismarcks deutsche Politik den Triumph über den Liberalismus gebracht hatte, gelang der süddeutschen (schwäbischen) Linie der Dynastie der Aufstieg in die Riege der souveränen Monarchien Europas. Nach der Vereinigung der Donaufürstentümer Moldau und Walachei zum *Fürstentum Rumänien* (1859/61) war dort der einheimische Regent an einem Bojarenkomplott gescheitert und 1866 zum Verlassen des Landes gezwungen worden. Als Gegengewicht zu den miteinander konkurrierenden Bojarencliquen hatte das rumänische Parlament daraufhin Karl von Hohenzollern-Sigmaringen (1839–1914) zum Fürsten gewählt. Als Carol I. gelang dem Hohenzollern nicht nur die Emanzipation seines Landes von der Oberhoheit des Osmanischen Reiches und, damit verbunden, 1881 die Rangerhöhung zum *König von Rumänien*. Er bemühte sich darüber hinaus in seiner fast fünfzigjährigen Herrschaftszeit erfolgreich um die Sanierung der Staatsfinanzen, förderte die Industrialisierung der rumänischen Wirtschaft, verbesserte die Infrastruktur und das Bildungswesen und gab dem Land eine am preußischen Vorbild orientierte schlagkräftige Armee. Außenpolitisch um Anlehnung an Deutschland bemüht (Beitritt Rumäniens zum *Dreibund*, 1883), konnte Carol I. 1914 angesichts starker innenpolitischer Widerstände gleichwohl nicht den Kriegseintritt seines Landes zugunsten der Mittelmächte durchsetzen. Sein Neffe und Nachfolger Ferdinand I. (1865–1927) führte Rumänien dann 1916 sogar auf Seiten der Alliierten ins Feld. Dynastische Beziehungen besaßen in der Epoche des Hochimperialismus nicht mehr genügend Bindekräfte, um einer hohenzollernschen Familienpolitik Raum zu gewähren.

VIII. Hohenzollern in Deutschland
(1866–1918)

Im neuen Reich. Unter Wilhelm I. schien die Hohenzollernmonarchie den Gipfelpunkt ihres mehrhundertjährigen Aufstiegs zu erklimmen. Das durch die drei Bismarckschen Einigungskriege von 1864 (gegen Dänemark), 1866 (gegen Österreich) und 1870/71 (gegen Frankreich) erkämpfte Deutsche Kaiserreich verschaffte der preußischen Königswürde infolge ihrer staatsrechtlichen Verklammerung mit dem Kaiseramt einen beträchtlichen Reputationszuwachs. Im Text der Reichsverfassung vom 16. April 1871 war das hohenzollernsche Kaisertum keineswegs mit exponierten Machtbefugnissen ausgestattet. Nach den Worten Heinrich von Treitschkes zunächst weitgehend «mehr ein Schein als eine Wirklichkeit», entwickelte es in der Verfassungspraxis des Bismarckreiches jedoch rasch eine nachhaltige Eigendynamik, wodurch die Stellung der übrigen bis 1918 immerhin noch existierenden 22 deutschen Bundesfürsten zusehends marginalisiert wurde. Die drei nach 1871 amtierenden Hohenzollernherrscher haben den ihnen damit vorgegebenen Handlungsrahmen in unterschiedlicher Weise auszufüllen vermocht.

Wilhelm I. empfand das deutsche Kaiseramt – schon im Vorfeld der Versailler Proklamation vom 18. Januar 1871 – weitaus eher als Belastung denn als eine willkommene Rangerhöhung. Nicht zu Unrecht befürchtete er, daß es die hohenzollernsche Königswürde allmählich zu einem Schattendasein herabmindern werde – trotz der eindeutig preußisch dominierten Struktur des neuen Reiches, dessen Territorium und Einwohnerschaft nun zu zwei Dritteln durch den Hohenzollernstaat gebildet wurden. Stärker als nationalstaatliche Gesinnungen lebten in Wilhelm I. Gefühle dynastischer Verbundenheit, auch und gerade auf außenpolitischem Gebiet. So hegte der Kaiser Sympathien für das Zarenreich, zumal dort seit 1855 sein preußenfreundlicher Neffe

Alexander II. (1818–1881) regierte. Dennoch wußte Bismarck gegen seinen erbitterten Widerstand ein deutsch-österreichisches Defensivbündnis mit latent antirussischer Tendenz durchzusetzen (*Zweibund*, 1879). Seitdem hat Wilhelm I. kaum noch aktiv gestaltend in die Politik eingegriffen. Die meisten Entscheidungen des Kanzlers trug er auch dann loyal mit, wenn er sie nur bedingt zu billigen vermochte, etwa die Maßnahmen gegen die katholische Kirche im Rahmen der *Kulturkampfgesetzgebung* der 1870er Jahre.

Seiner ihm seit 1871 auf Reichsebene zugewiesenen Rolle eines konstitutionellen Monarchen, der sich um Ausbalancierung politischer Interessengegensätze und um Überbrückung gesellschaftlicher Spannungen bemühte, ist Wilhelm I. zumeist gerecht geworden. Erleichtert wurde ihm das Hineinwachsen in diese Rolle durch seine Fähigkeit, Verantwortung zu delegieren, sowie durch seine Bereitschaft, begabteren Köpfen in entscheidenden Momenten den Vortritt zu lassen. Es sei nicht immer leicht, unter Bismarck Kaiser zu sein, hat er in vorgetäuschter Larmoyance gelegentlich geklagt. Jedenfalls gewann der einstmals, im Krisenjahr 1848, vor der Wut des Volkes aus Berlin Geflohene in seinen letzten Lebensjahren die fast einhellige Sympathie der Deutschen, die ihn nicht nur wegen seiner Bescheidenheit und seiner Geradlinigkeit schätzten, sondern in ihm die symbolische Verkörperung staatlicher Einheit, die nationale Identifikations- und Integrationsfigur *par excellence* verehrten.

Doppelter Generationenwechsel 1888. Nach dem Ableben Wilhelms I. (9. März 1888) übernahm sein an Kehlkopfkrebs leidender, bereits todkranker Sohn Friedrich III. für die Dauer von 99 Tagen die Regierung. Friedrich, der sich als Armeeführer in allen drei Einigungskriegen bewährt hatte und seitdem in Deutschland populär war, galt als Repräsentant liberaler Hoffnungen einer ganzen Generation. Nach 1871 hatten ihn Bismarck und Wilhelm I. von jeder unmittelbaren politischen Einflußnahme ferngehalten und sein Wirkungsfeld auf die Erfüllung repräsentativer Verpflichtungen beschränkt. Während seiner kurzen Regentschaft blieb ihm keine Kraft mehr, eigene politische Ziele durchzusetzen, und es ist unsicher, ob er im Vollbesitz seiner Macht liberalen Entwicklungstendenzen tatsächlich zum Durchbruch verholfen hätte. Seine Begeisterung für «altdeutsche» Reichstraditionen und für die historische Dignität des Kaiseramtes sprachen nicht unbedingt für eine ihm gleichwohl unterstellte Bereitschaft, die monarchische Prärogative zugunsten parlamentarischer Institutionen aufzugeben.

Stärker noch galt dies für den letzten preußisch-deutschen Hohenzollernherrscher, der nach dem Tod Friedrichs III. am 15. Juni 1888 im Alter von 29 Jahren den preußischen Königs- und deutschen Kaiserthron bestieg. Das Herrschaftsverständnis Wilhelms II. (1859–1941) fiel insofern hinter den von seinem Vater und Großvater eingenommenen Standpunkt zurück, als es am Gedanken ungeschmälerter monarchischer Machtvollkommenheit festhielt. Es artikulierte das Bekenntnis zum Gottesgnadentum gekrönter Häupter in einer Epoche, die solche Bekundungen schlechthin als anachronistisch empfinden mußte. Der sich daraus herleitende Anspruch, entscheidenden politischen Einfluß auf den Gang der Regierungsgeschäfte auszuüben («persönliches Regiment»), blieb allerdings eine uneingelöste Fiktion. Weder physisch noch psychisch hatte der von Geburt an schwer körperbehinderte König und Kaiser – sein linker Arm war verkürzt, gelähmt und mißgeformt – die Kraft, eine verfassungswidrige autokratische Selbstregierung längerfristig durchzustehen.

Charakterprofil. Dieses Unvermögen resultierte nicht zuletzt aus der problematischen Persönlichkeitsstruktur des Monarchen. Ausgestattet mit rascher Auffassungsgabe und einem überdurchschnittlich guten Gedächtnis, vermochte Wilhelm II. durch Schwung, Elan und Spontaneität im Auftreten für sich einzunehmen. Im persönlichen Umgang bewies er Charme und Liebenswürdigkeit, überzeugte mit seinem Rednertalent und beeindruckte durch Wissensdurst, Begeisterungsfähigkeit und weitgespannte Interessen. Solchen Vorzügen standen indes bedenkliche Defizite gegenüber. Sprunghaftigkeit, Unausgeglichenheit und Konzentrationsschwäche wurden von der engeren Umgebung schon früh als Charaktermängel des Kaisers registriert, und bald gerieten nervöse Betriebsamkeit, übersteigerter Geltungsdrang, Mangel an Takt, Augenmaß und Gelassenheit auch in der breiten Öffentlichkeit zu typischen Merkmalen «wilhelminischen» Stils. Als gleichsam überdimensionale Spiegelungen kaiserlicher Verhaltensformen auf die Projektionsfläche des Gesamtstaates prägten sie das Erscheinungsbild des späten Bismarckreiches nachhaltig.

Innenpolitische Akzentsetzungen. Politische Grundsatzentscheidungen von weitreichender Wirkung hat Wilhelm II. vor allem in den ersten Regierungsjahren getroffen. Sein ambitioniertes innenpolitisches Ziel orientierte sich kurzzeitig am Ideal eines «sozialen Kaisertums». Im Interesse einer Integration der Arbeiterschaft in den bestehenden Staat hatte der jugendliche Monarch im Januar 1890 in eigenhändigen Niederschriften ein großräumiges Sozialprogramm entworfen, das die Einführung von Betriebsräten und ein Verbot der Sonntagsarbeit ebenso vorsah wie einen aktiven, selbst aus heutiger Sicht erstaunlich modern anmutenden Arbeiterschutz. Solche Pläne kollidierten jedoch mit dem Kurs Bismarcks, der sich gerade damals zur verstärkten Konfrontation gegenüber der sozialdemokratischen Arbeiterbewegung entschlossen zeigte. Die sich daraus ergebenden Spannungen endeten am 20. März 1890 mit der Verabschiedung des Kanzlers. Während Bismarcks strikt antisozialistisches Kampfprogramm die Reichspolitik damals in eine Sackgasse zu führen drohte, hätte der sozialpolitische Kurs des jungen Herrschers – wäre er denn konsequent fortgesetzt worden – durchaus Perspektiven zur Aussöhnung der sozialistischen Arbeiterbewegung mit dem Hohenzollernstaat eröffnen können.

Doch Wilhelms II. Interesse an einer Rolle als «sozialer Kaiser» erlahmte rasch. Zwar sind unter seiner Regierung weitere Schritte zur Ausgestaltung der einst (1883) von Bismarck eingeleiteten Sozialgesetzgebung auf Reichsebene unternommen worden (*Angestelltenversicherungsgesetz,* 1911). Auch sozialreformerische Bestrebungen, wie jene des (1872 gegründeten) *Vereins für Sozialpolitik*, verfolgte der Kaiser weiterhin mit großer Aufmerksamkeit. Doch von der Pflege eines bekömmlichen Verhält-

Das Berliner Schloß um 1900

nisses zur Sozialdemokratie, wie dies für einen konstitutionellen Monarchen angemessen gewesen wäre, entfernte er sich immer mehr. Dennoch war er in Kreisen der Arbeiterschaft vielerorts äußerst populär.

Kaiserliche Wissenschaftsförderung. Langfristiges Interesse zeigte Wilhelm II. für die Schul-, Bildungs- und Wissenschaftspolitik. Sein Bemühen um den Ausbau des preußisch-deutschen Kulturstaates, das ganz in den Traditionen hohenzollernschen Mäzenatentums stand, zeichnete sich durch finanzielle Großzügigkeit und thematische Vielseitigkeit aus, wenn es sich auch nicht immer durch entsprechenden Tiefgang empfahl. Es galt vornehmlich allen Fragen technisch-industrieller Entwicklung und zielte auf die Förderung praxisorientierter Bildungs- und Wissenschaftsinhalte. Während der Diskussion über die Reform des höheren Schulwesens ergriff Wilhelm II. zweimal – auf den *Schulkonferenzen* von 1890 und von 1900 – persönlich zugunsten der Verfechter einer modernen Unterrichtsgestaltung Partei, deren Bemühungen um Relativierung der rein humanistischen Bildungsidee des klassischen Gymnasiums von ihm mit Nachdruck unterstützt wurden. In eine ähnliche Richtung ging sein beharrliches Streben, einen Ansehenszuwachs der *Technischen Hochschulen* gegenüber den traditionell privilegierten Universitäten durchzusetzen. Mit Einführung des Promotionsrechts (Dr. Ing.) für alle Technischen Hochschulen in Preußen führte dieser Einsatz 1899 zum Erfolg.

Besonderen Anklang fand beim Kaiser die Idee einer Zusammenarbeit von Staat, Wissenschaft und Wirtschaft. Unter großem persönlichen Einsatz gelang ihm 1911 die Gründung der *Kaiser-Wilhelm-Gesellschaft zur Förderung der Wissenschaften* (seit 1948: *Max Planck-Gesellschaft zur Förderung der Wissenschaften*). Orientiert an Vorbildern des nordamerikanischen Wissenschaftsbetriebs, finanzierte die Gesellschaft durch privatwirtschaftliche Zuwendungen mit staatlicher Unterstützung den Unterhalt zahlreicher selbständiger außeruniversitärer Forschungsinstitute, vor allem auf dem Gebiet der Naturwissenschaften. Nimmt man zu alledem noch die kaiserlichen Vorlieben für ethnologische und archäologische Feldforschung, sein Interesse an den Kulturen des Alten Orients (Vorsitz der 1898 gegründeten *Deutschen Orientgesellschaft*), seinen Einsatz für den Professorenaustausch zwischen dem Deutschen Reich und den Vereinigten Staaten sowie seine intensive Kontaktpflege zu namhaften Gelehrten aus den unterschiedlichsten Fachrichtungen, so ergibt sich ein beachtliches wissenschaftspolitisches Engagement, wie es damals kein anderer europäischer Monarch in einem vergleichbaren Ausmaß entfaltet hat. Es wurde von vielen Zeitgenossen des In- und Auslands als spezifisch «modern» empfunden, weil es sich nicht nur aus einem lebhaften Verständnis für die gewandelten gesellschaftlichen Voraussetzungen und Rahmenbedingungen des Wissenschaftsbetriebs speiste, sondern auch sehr bewußt den Interessen deutscher «Weltgeltung» dienen wollte. In deutlichem Kontrast dazu stand Wilhelms II. vollkommene Verständnislosigkeit für die in seiner Regierungszeit zum Durchbruch gelangende künstlerische Moderne.

Außenpolitik im Schatten des Imperialismus. Besonders umstritten waren die Initiativen des letzten Hohenzollernherrschers auf außenpolitischem Gebiet. Wilhelm II. wurde hier für viele Fehlschläge der deutschen Diplomatie verantwortlich gemacht, obschon er sie nicht immer selbst verschuldet hatte. So ging die Nichterneuerung des deutsch-russischen *Rückversicherungsvertrags* (1890) auf Veranlassung des von 1890 bis 1894 amtierenden Reichskanzlers Leo von Caprivi (1831–1899) und seines außenpolitischen Beraters Friedrich von Holstein (1837–1909) zurück. Die *Krüger-Depesche* (1896), die während des Ersten Burenkriegs zu einer erheblichen Belastung des deutsch-britischen Verhältnisses führte, erwuchs aus einer Anregung des damaligen Staatssekretärs des Äußeren Adolf Marschall von Bieberstein (1842–1912). Der demonstrativ inszenierte Besuch Wilhelms II. in *Tanger* wiederum (1905) war – im Interesse einer Herausstellung weltmachtpolitischer Ambitionen des Reiches – ebenso von Kreisen des Auswärtigen Amtes angeregt worden wie die aufsehenerregende Entsendung des Kanonenboots *SMS Panther* nach Agadir (1911). Überall folgte der Kaiser hier den Empfehlungen ministerieller oder diplomatischer Ratgeber und stellte seine eigenen, oftmals weniger exponierten Handlungsoptionen zurück.

Auch die wohl größte Krise in seiner Herrschaft, die *Daily-Telegraph-Affäre* (1908), zeigte den Monarchen, bei unbestreitbarer eigener Ungeschicklichkeit, als Opfer fahrlässiger Handhabung der Staatsgeschäfte seitens der allerdings von ihm selbst ernannten Regierung. Zwecks Verbesserung der deutsch-englischen Beziehungen, die seit Jahrhundertbeginn infolge der gegenseitigen Flottenrüstung beider Länder stark angespannt waren, hatte Wilhelm II. dem britischen Presseorgan ein höchst brisantes Interview gewährt und dessen Text, im Bewußtsein seiner Brisanz, dem (von 1900 bis 1908 amtierenden) Reichskanzler Bernhard von Bülow (1849–1929) vor der Veröffentlichung zur Prüfung vorgelegt. Damit handelte er verfassungsmäßig korrekt. Es war Bülow, der sich nachlässig verhielt und den Text ungelesen an subalterne Stellen weitergab, die ihn ohne inhaltliche Korrekturen passieren ließen. Er entfachte damit einen bis weit ins Lager der Konservativen reichenden Entrüstungssturm, der nun mit geballter Kraft den Kaiser traf und sein vermeintlich selbstherrliches Gebaren anprangerte – in diesem Fall sehr zu

Unrecht. Dagegen wurden die wenigen wirklich eigenmächtig unternommenen Bemühungen Wilhelms II., Außenpolitik auf eigene Faust zu betreiben, von der Reichsregierung rasch neutralisiert – etwa sein Versuch, anläßlich einer Zusammenkunft mit seinem russischen Cousin Zar Nikolaus II. (1868–1918) im finnischen Björkö 1905, kurzerhand ein Defensivbündnis zwischen Deutschland, Rußland und Frankreich zu vereinbaren. Wo er aber starken Einsatz und dauerhaftes Engagement zeigte, wie auf dem Gebiet der 1897 eingeleiteten deutschen Welt- und Seemachtpolitik, konnte er sich als Exponent einer Zeitströmung fühlen, die ihm jahrelang ein Höchstmaß an öffentlicher Akzeptanz eingetragen hat.

Weit davon entfernt, die Rolle eines starken Monarchen auch nur annähernd auszufüllen, offenbarte Wilhelm II. in fast allen Entscheidungssituationen der preußisch-deutschen Außenpolitik vor 1914 Unselbständigkeit und Beeinflußbarkeit. Hinter der glänzenden Fassade des kraftstrotzenden Imperators, wie sie sich durch effektvolle Inszenierungen herrscherlichen Machtbewußtseins in Reden, Paraden, Manövern und Reisen den Zeitgenossen darbot, verbarg sich eine unsichere und durchsetzungsschwache Existenz. Die Popularität des kaiserlichen Amtes blieb von alledem weitgehend unberührt. Seine Akzeptanz erstreckte sich auf alle Schichten der deutschen Bevölkerung und fand 1913, anläßlich des prunkhaft inszenierten 25jährigen Thronjubiläums Wilhelms II., eine letzte eindrucksvolle Bestätigung, bevor die Hohenzollernmonarchie in der Katastrophe des Ersten Weltkriegs versank.

Weltkrieg, Revolution, Thronverzicht. In den Entscheidungsstunden des Juli/August 1914 schreckte Wilhelm II. vor der Entfesselung eines großen Krieges zurück. Zwar hatte er zunächst ein entschlossenes Vorgehen Österreich-Ungarns gegen Serbien befürwortet und damit einer europaweit verbreiteten Stimmung Ausdruck verliehen, die den Fürstenmord von Sarajewo gesühnt wissen wollte. Als die Forderungen Wiens weitgehend, wenn auch nicht vollständig, erfüllt wurden, schien ihm dann aber kein Kriegsgrund mehr zu bestehen. Doch fand er zu diesem späten

Wilhelm II., Porträtphoto

Zeitpunkt der Krise weder Kraft noch Konsequenz, seinem eigenen, um Friedenswahrung bemühten Kurs Gehör zu verschaffen. Stattdessen unterwarf er sich, wie in den vergangenen Jahren schon so oft, den Vorgaben seiner verantwortlichen Ratgeber.

Das galt auch für sein Verhalten während des Ersten Weltkriegs. In seiner Doppelfunktion als konstitutionelles Staatsoberhaupt des Reiches und als Oberster Befehlshaber von Heer und Marine hatte er im Kriegsfall die Aufgabe, strategisch-operative und politisch-diplomatische Aktionen aufeinander abzustimmen und eventuell sich ergebende Interessenkonflikte zwischen militärischen und zivilen Leitungsinstanzen auszugleichen. Dieser Aufgabe ist Wilhelm II. zu keinem Zeitpunkt des Kriegsgeschehens gerecht geworden. Er trat vielmehr hinter den Entscheidungen der militärischen Führung zurück und verzichtete damit faktisch auf alle diesbezüglichen monarchischen Prärogativen.

Für das Renommee des kaiserlichen Amtes hatte diese Haltung fatale Konsequenzen. Im alliierten Ausland galt Wilhelm II. rasch als die Verkörperung deutschen Kriegswillens schlechthin und wurde fortan für alle militärischen Handlungen des Reiches verantwortlich gemacht, auch wenn er sie – wie etwa die Eröffnung des unbeschränkten U-Boot-Krieges im Februar 1917 – keineswegs rückhaltlos billigte. Im Innern erlebte sein Ansehen mit fortschreitender Kampfdauer einen rapiden Popularitätsverlust, weil in der öffentlichen Wahrnehmung nun Paul von Hindenburg (1847–1934) und Erich Ludendorff (1865–1937) als Repräsentanten der *Dritten Obersten Heeresleitung* (seit 1916) die Rolle von Identifikationsfiguren für das nach neuen Hoffnungsträgern suchende Land anzunehmen begannen. Spätestens seit Juli 1917, nach der vom Kaiser nur widerstrebend vollzogenen Entlassung des Reichskanzlers Theobald von Bethmann Hollweg (1856–1921), war sein Betätigungsfeld auf die Wahrnehmung repräsentativer Aufgaben beschränkt. An die Stelle der konstitutionellen Monarchie trat faktisch die Kriegsdiktatur Ludendorffs.

Angesichts der krisenhaft zugespitzten Lage kam dann der nur wenige Tage vor dem deutschen Zusammenbruch vollzogene Übergang zum parlamentarischen Regierungssystem, den Wilhelm II. durch die verfassungsändernden Reichsgesetze vom 28. Oktober 1918 sanktionierte, zu spät, um dem angeschlagenen Königs- und Kaiseramt neue Reputation zu verschaffen. Zwar waren jetzt alle formalen Voraussetzungen erfüllt, um Preußen-Deutschland ohne revolutionäre Erschütterungen in die Reihe der parlamentarischen Monarchien einzufügen. Die Amtsführung des Reichskanzlers wurde vom Vertrauen des Reichstags abhängig gemacht, dem Parlament – und nicht mehr dem König und Kaiser – standen hinfort das Entscheidungsrecht über Kriegserklärungen und Friedensschlüsse sowie die Kontrolle über die Streitkräfte zu. Rechtzeitig vorgenommen, hätten solche Reformen wohl eine Perspektive für die nochmalige Konsolidierung der Hohenzollernmonarchie nach dem Vorbild der parlamentarischen Königsstaaten West- und Nordeuropas eröffnet.

Eine solche Transformation indes blieb dem hohenzollernschen Königtum versagt. Lange Zeit hatte es immer erneut seine Fähigkeit unter Beweis gestellt, sich veränderten Zeitumständen flexibel anzupassen. Doch der letzte, existenzsichernde Schritt zur Assimilierung an die moderne Staatswirklichkeit unterblieb. Zu einem freiwilligen Thronverzicht zugunsten eines seiner vier noch minderjährigen Enkel – unter Umgehung des nicht übermäßig populären Sohnes, Kronprinz Wilhelm (1882–1951) –, wie ihn seit Mitte Oktober 1918 besonders die Mehrheits-Sozialdemokraten im Interesse einer von ihnen damals noch gewünschten Beibehaltung der Monarchie favorisierten, fand sich Wilhelm II. nicht bereit. Unter dem Einfluß seiner militärischen Umgebung schob er die Abdankung immer wieder hinaus und willigte erst in sie ein, als es für eine Rettung der Krone zu spät war. Mit seinem Grenzübertritt in die Niederlande (10. November 1918) beendete er die 500jährige Epoche aktiver politischer Mitwirkung seines Hauses am Schicksal Preußens, Deutschlands und Europas.

IX. Ausklang und Nachwirken (1918–1990)

Exil in Doorn. Der geflüchtete Monarch residierte zunächst in Schloß Amerongen, 1920 übersiedelte er nach Doorn, einem in der Provinz Utrecht gelegenen Landsitz, den er 1919 käuflich erworben hatte. Dort verbrachte er die ihm noch verbleibenden 21 Jahre seines Lebens. Es verlief nun in weitgehender Einförmigkeit und wurde zunächst nur durch familiäre Ereignisse im Haus Hohenzollern unterbrochen. Unter großer öffentlicher Anteilnahme erfolgte im April 1921 die Beisetzung der Kaiserin Auguste Viktoria (1858–1921). Die populäre Ehefrau des Monarchen, die ihm sieben Kinder geschenkt hatte, war in Doorn gestorben, ihre sterblichen Überreste waren zur Beisetzung nach Potsdam überführt worden. Dort begleiteten etwa 200 000 Anhänger der Monarchie den Trauerzug – eine Demonstration für das kurz zuvor entthronte Kaiserhaus und gegen die frisch gegründete Republik. Die Wiederverheiratung Wilhelms II. hingegen – im November 1922, kaum zwei Jahre nach dem Tod seiner ersten Frau, ehelichte er Hermine, Prinzessin von Schönaich-Carolath, geborene Reuß (1887–1947) – war innerhalb der Familie wie auch in der monarchietreuen deutschen Öffentlichkeit umstritten.

Abwechslung in die Eintönigkeit des Doorner Exilalltags brachten die kulturwissenschaftlichen Interessen des Kaisers. Nun hatte er Zeit, sich ihnen – auch schriftstellerisch – zu widmen und zahlreiche Abhandlungen zu religions-, kultur- und mythengeschichtlichen Themenfeldern vorzulegen. Einen institutionellen Rahmen für seine Unternehmungen bildete die von ihm begründete *Doorner Arbeitsgemeinschaft*, die zwischen 1927 und 1938 in Form von Jahrestagungen religionshistorische, ethnologische und allgemein kulturwissenschaftliche Problemstellungen diskutierte. Zu den regelmäßigen Teilnehmern zählten anerkannte Repräsentanten ihrer Fächer – allen voran der Ethnologe Leo Frobenius (1873–1938), der Altphilologe Walter F. Otto (1874–1958) und der Orientalist Friedrich Sarre (1865–1945).

Thronansprüche. Seine Hoffnungen auf eine Restauration der Hohenzollernmonarchie hatte Wilhelm II. bei alledem keineswegs aufgegeben. Er pflegte rege Kontakte zu monarchietreuen Verbänden und Persönlichkeiten in Deutschland und hätte dorthin als Privatmann zurückkehren können. Dem Kronprinzen Wilhelm hatte Reichskanzler Gustav Stresemann (1878–1929) schon 1923 die Einreise nach Deutschland ermöglicht. Auch dem exilierten Monarchen wurde 1926 Wohnrecht in Schloß Homburg vor der Höhe eingeräumt – die Landgrafschaft Hessen-Homburg war 1866 an Preußen gefallen. Doch Wilhelm II. wollte nur als Kaiser nach Deutschland kommen – und entzog gerade dadurch allen Restaurationsbestrebungen im Reich ihre reale Grundlage. Wenn überhaupt, dann war eine Monarchie in Deutschland nach 1918 nur auf parlamentarischer Basis, etwa nach britischem Vorbild, denkbar. Wilhelm II. indes legte in allen seinen Doorner Verlautbarungen eine eklatante Geringschätzung des parlamentarischen Systems an den Tag und offenbarte damit seine mangelnde Bereitschaft zur Bejahung moderner Politikvorstellungen. Von Selbstkritik war er weit entfernt. Auch einen Thronverzicht zugunsten jüngerer Mitglieder seines Hauses hat er zu keinem Zeitpunkt in Betracht gezogen. Als 1932 eine Bewerbung des Kronprinzen Wilhelm für das Amt des Reichspräsidenten im Gespräch war, zwang ihn der Vater zur vorzeitigen Aufgabe der Kandidatur, woraufhin der Sohn öffentlich verkündete, im zweiten Wahlgang für Hitler stimmen zu wollen.

Das Haus Hohenzollern und der Nationalsozialismus. Das Verhältnis Wilhelms II. zum Nationalsozialismus war maßgeblich von seinen Restaurationshoffnungen bestimmt. Nach anfänglicher Ablehnung der NSDAP hegte er seit Anfang 1931 die vor allem von Hermann Göring (1893–1946) genährte Illusion, daß die

Nationalsozialisten ihn auf den Thron zurückbringen würden. Den ideologischen Vorgaben Hitlers stand er skeptisch gegenüber. Zwar sind von ihm aus den 1920er Jahren mehrfach judenfeindliche Äußerungen überliefert. Doch zwischen solchen Bekundungen und dem kollektiven Vernichtungsantisemitismus der Nationalsozialisten bestanden grundlegende Unterschiede, die als solche auf beiden Seiten registriert worden sind. Hitler und seine Entourage hegten nicht die geringsten Sympathien für die Monarchie. Nach der «Gleichschaltung» sämtlicher monarchistischer Verbände in Deutschland (3. Februar 1934) waren die Hoffnungen des Kaisers auf eine mögliche Rückkehr dahin. Nun häuften sich Zeugnisse gereizter Distanz zum Regime Hitlers – bis hin zur Beurteilung der Novemberpogrome von 1938 als «Schande», angesichts derer «alle anständigen Deutschen protestieren» und ausländische Mächte «ihre Gesandten und Vertretungen abberufen» müßten, damit «die Nazis ... klein beigeben» (Ilsemann, 1968, S. 313).

Wilhelms II. zweite Ehefrau Hermine bekannte sich dagegen auch dann noch zu Hitler, als dessen monarchiefeindliche Haltung längst deutlich geworden war. Am stärksten exponierte sich der viertälteste Sohn des Kaisers, Prinz August Wilhelm (1887–1949), im Sinn einer Liaison mit der Hitler-Bewegung. Ab 1930 Parteimitglied, ab 1932 preußischer Landtags- und ab 1933 Reichstagsabgeordneter, wurde der Prinz zunächst bei großen öffentlichen Kundgebungen der NSDAP als Redner eingesetzt und hat in dieser Funktion als national-konservatives «Aushängeschild» seinen Teil dazu beigetragen, den Nationalsozialismus in rechten Kreisen salonfähig zu machen.

Kontakte zum Widerstand. Andererseits hat es in den Jahren vor und nach Ausbruch des Zweiten Weltkriegs manche Fühlungnahme des Hauses Hohenzollern zur deutschen Widerstandsbewegung gegeben. Prinz Oskar (1888–1958), der fünfte Sohn Wilhelms II., hielt, bei allem Eintreten für nationale Ziele und Ideale, deutlich bekundete Distanz zum Nationalsozialismus, und auch Kronprinz Wilhelm suchte mehrfach das Gespräch mit führenden Angehörigen des militärischen Widerstands. Im Kreis der Regimegegner favorisierte vor allem die national-konservative Gruppe um Carl Friedrich Goerdeler, Ulrich von Hassell, Johannes Popitz und Hans Oster – im Fall eines gelungenen Putsches – die Restauration der Monarchie unter einem Hohenzollern als Kristallisationsfigur nationaler Einheit und staatlicher Integrität. Sie dachten dabei allerdings nicht an Wilhelm II., sondern an einen seiner Enkel – zunächst an den Prinzen Wilhelm (1906–1940), den ältesten Sohn des Kronprinzen, der sich besonders in Kreisen der Armee großer Popularität erfreute, dann, nach Wilhelms Soldatentod in Frankreich (26. Mai 1940), an den Prinzen Louis Ferdinand (1907–1994), den erklärten Lieblingsenkel des Kaisers, der seit 1938 in Widerstandskreisen verkehrte und später direkt in die zum 20. Juli 1944 führenden Planungen der Verschwörer einbezogen war. Der Kaiser selbst hingegen pflegte keine Kontakte zur innerdeutschen Opposition.

Sein Tod am 4. Juni 1941, zwölf Monate nach dem Einmarsch deutscher Wehrmachtssoldaten in die Niederlande, wurde vom offiziellen nationalsozialistischen Deutschland mit Stillschweigen übergangen. Auch den meisten Bewohnern seines früheren Reiches mochte der entthronte Monarch, nach über zwei Jahrzehnten des Exils, wohl nur noch als ferne Erinnerung präsent gewesen sein. Man dachte an ihn zurück als an eine Erscheinung aus längst vergangenen – und zweifellos besseren – Zeiten, einen Regenten, der den Deutschen einst, voll guten Willens, einen «Platz an der Sonne» erobern wollte, dessen Herrschaft dann aber in den Zusammenbruch Deutschlands geführt hatte. Der Schriftsteller Reinhold Schneider (1903–1958) hat Wilhelm II. einige Zeit vor dessen Tod im Doorner Exil besucht und, Jahrzehnte später, über seine Begegnung mit dem alternden Monarchen berichtet: «Er spielte, anders als Shakespeares Könige, die Rolle fort, während der Vorhang längst gefallen war ... Aus der echten Repräsentanz ... war Wilhelm II. im Suchen nach dem Effekt in das Leere geglitten ... Da er keine Ruhe hatte, konnte er nicht reif werden. Es machte ihn zum Vorläufer des Zerstörers [Hitler], der seine Karikatur wurde ... Heute erscheint er mir wie eine viel zu kleine Gestalt in einem riesenhaften Raum ... Und niemand vermag zu sagen, welche Verhängnisse, welche vernichtungsartigen Umwandlungen der hinter ihm düsternde Himmel unserer Weltzeit noch birgt. Denn eben dieser gelähmte Mächtige ritt uns voraus» (Schneider, 1954, S. 108 ff.).

Nachspiel. Mit dem Tod des letzten in Deutschland regierenden Hohenzollern wurde dessen ältester Sohn, Kronprinz Wilhelm, Chef des früheren Königs- und Kaiserhauses. Noch freilich hielten die Nachkommen der süddeutsch-schwäbischen Linie den rumänischen Königsthron. Der dort (erneut seit 1940) amtierende jugendliche Regent Michael I. (*1921) hatte im August 1944 seinen hitlerfreundlichen Regierungschef verhaften lassen und dem nationalsozialistischen Deutschland den Krieg erklärt. Zur allgemeinen Überraschung vermochte sich der König weit über das Epochenjahr 1945 hinweg in Bukarest zu halten. Als einziges gekröntes Haupt jenseits des Eisernen Vorhangs wurde Michael I. zur Integrationsfigur aller antikommunistischen und demokratischen Kräfte seines Landes, vor dessen Entthronung selbst die sowjetische Besatzungsmacht jahrelang zurückschreckte. Erst in der Silvesternacht 1947 mußte der letzte rumänische Hohenzoller unter Todesandrohung seines Thrones entsagen.

Im gleichen Jahr verloren auch die brandenburgischen Hohenzollern, anders als viele ehemals regierende deutsche Fürstenhäuser, etwa die Wittelsbacher in Bayern oder die Wettiner in Sachsen, die territoriale Basis ihres einstigen Herrschaftsanspruches: Der Staat Preußen, seine Zentralregierung ebenso wie alle seine nachgeordneten Behörden, wurde per Kontrollratsbeschluß der alliierten Siegermächte des Zweiten Weltkriegs (*Gesetz Nr. 46*) am 25. Februar 1947 für aufgelöst erklärt, weil er «seit jeher Träger des Militarismus und der Reaktion in Deutschland» gewesen sei. Der seit 1951 als Chef des Hauses amtierende Prinz Louis Ferdinand hat dieser Tatsache insofern Rechnung getragen, als ihm die Wiedererlangung der Einheit Deutschlands zeitlebens Zielpunkt seines politischen Engagements gewesen ist – unabhängig von allen Hoffnungen auf eine Restauration der Monarchie, die in den 1950er und frühen 1960er Jahren gelegentlich gehegt wurden und in vereinzelten

IX. Ausklang und Nachwirken (1918–1990)

Überlegungen gipfelten, den Chef des Hauses Hohenzollern auf dem «Umweg» einer Kandidatur für das Bundespräsidentenamt zu «inthronisieren». Die Realisierung der deutschen Einheit im Herbst 1990 hat dann auch der Hohenzollerndynastie – wenn man so will – eine letzte, gleichsam postum erfolgende Bestätigung ihres Einsatzes für die deutsche Nationalstaatsgründung im 19. Jahrhundert gebracht. Sie dürfte damit den wohl endgültigen Schlußpunkt ihrer geschichtlichen Bedeutung erlangt haben. Um so notwendiger erscheint es, an sie zu erinnern – an ihre Leistungen ebenso wie an ihre Grenzen.

Literaturverzeichnis

Willy Andreas: Friedrich der Große und der Siebenjährige Krieg. Leipzig 1940.
Paul Bailleu: Königin Luise. Ein Lebensbild. Berlin/Leipzig 1908.
Michael Balfour: Der Kaiser. Wilhelm II. und seine Zeit. Berlin 1967.
David E. Barclay: Anarchie und guter Wille. Friedrich Wilhelm IV. und die preußische Monarchie. Berlin 1995.
Peter Baumgart: Epochen der preußischen Monarchie im 18. Jahrhundert. In: Zeitschrift für Historische Forschung 6 (1979), S. 287–316.
Peter Baumgart: Kronprinzenopposition. Zum Verhältnis Friedrichs zu seinem Vater Friedrich Wilhelm I. In: Heinz Duchhardt (Hrsg.): Friedrich der Große, Franken und das Reich. Köln/Wien 1986, S. 5–23.
Peter Baumgart (Hrsg.): Ständetum und Staatsbildung in Brandenburg-Preußen. Ergebnisse einer internationalen Fachtagung. Berlin/New York 1983.
Friedrich Beck und Julius H. Schoeps (Hrsg.): Der Soldatenkönig. Friedrich Wilhelm I. in seiner Zeit. Potsdam 2003.
Arnold Berney: König Friedrich I. und das Haus Habsburg 1701–1707. München/Berlin 1927.
Arnold Berney: Friedrich der Große. Entwicklungsgeschichte eines Staatsmannes. Tübingen 1934.
Otto von Bismarck: Erinnerung und Gedanke. Kritische Neuausgabe auf Grund des gesamten schriftlichen Nachlasses. Hrsg. von Gerhard Ritter und Rudolf Stadelmann (= Bismarck, Die gesammelten Werke, Bd. 15). Berlin 1932.
Dirk Blasius: Friedrich Wilhelm IV. – Politik und Krankheit im Reaktionsjahrzehnt. In: Frank-Lothar Kroll (Hrsg.): Neue Wege der Ideengeschichte. Festschrift für Kurt Kluxen zum 85. Geburtstag. Paderborn/München/Wien/Zürich 1996, S. 347–359.
Kurt Borries: Preußen im Krimkrieg (1853–1856). Stuttgart 1930.
Helmut Börsch-Supan: Die Kunst in Brandenburg-Preußen. Ihre Geschichte von der Renaissance bis zum Biedermeier dargestellt am Kunstbesitz der Berliner Schlösser. Berlin 1980.
Lothar Burchardt: Wissenschaftspolitik im Wilhelminischen Deutschland. Vorgeschichte, Gründung und Aufbau der Kaiser-Wilhelm-Gesellschaft zur Förderung der Wissenschaften. Göttingen 1975.
Otto Büsch: Militärsystem und Sozialleben im alten Preußen 1713–1807. Die Anfänge der sozialen Militarisierung der preußisch-deutschen Gesellschaft. Berlin 1962.

Walter Bußmann: Zwischen Preußen und Deutschland. Friedrich Wilhelm IV. Eine Biographie. Berlin 1990.
Christopher Clark: Preußen. Aufstieg und Niedergang 1600–1947. München 2007.
Ludwig Dehio: Friedrich Wilhelm IV. von Preußen. Ein Baukünstler der Romantik. München/Berlin 1961.
Richard Dietrich: Kleine Geschichte Preußens. Berlin 1966.
Richard Dietrich (Hrsg.)*:* Die politischen Testamente der Hohenzollern. Köln/Wien 1986.
Norbert Elias: Die höfische Gesellschaft. Untersuchungen zur Soziologie des Königtums und der höfischen Aristokratie mit einer Einleitung: Soziologie und Geschichtswissenschaft. Neuwied/Berlin 1969.
Die Werke *Friedrichs des Großen.* Bd. 1: Denkwürdigkeiten zur Geschichte des Hauses Brandenburg; Bd. 7: Antimachiavell und Testamente. Hrsg. von Gustav Berthold Volz. Berlin 1913.
Friedrich Wilhelm IV.: Die Königin von Borneo. Ein Roman. Hrsg. von Frank-Lothar Kroll. Berlin 1997.
Albert Geyer: Geschichte des Schlosses zu Berlin, Bde. 1–2. Berlin 1936–1993.
Hans-Joachim Giersberg: Friedrich als Bauherr. Studien zur Architektur des 18. Jahrhunderts in Berlin und Potsdam. Berlin 1986.
Günther Grünthal: Verfassung und Verfassungswandel. Ausgewählte Abhandlungen. Hrsg. von Frank-Lothar Kroll, Joachim Stemmler und Hendrik Thoß. Berlin 2003.
Peter Michael Hahn: Friedrich der Große und die deutsche Nation. Geschichte als politisches Argument. Stuttgart 2007.
Fritz Hartung: Die politischen Testamente der Hohenzollern (1913). In: Ders.: Volk und Staat in der deutschen Geschichte. Gesammelte Abhandlungen. Leipzig 1940, S. 112–148.
Fritz Hartung: König Friedrich Wilhelm I. von Preußen (1942). In: Ders.: Staatsbildende Kräfte der Neuzeit. Gesammelte Aufsätze. Berlin 1961, S. 123–148.
Catharina Hasenclever: Gotisches Mittelalter und Gottesgnadentum in den Zeichnungen Friedrich Wilhelms IV. Herrschaftslegitimierung zwischen Revolution und Restauration. Berlin 2005.
Oswald Hauser (Hrsg.)*:* Preußen, Europa und das Reich. Köln/Wien 1987.
Gerd Heinrich: Geschichte Preußens. Staat und Dynastie. Berlin/Frankfurt am Main/Wien 1981.
Gerd Heinrich (Hrsg.)*:* Ein sonderbares Licht in Teutschland. Beiträge zur Geschichte des Großen Kurfürsten von Brandenburg (1640–1688). Berlin 1990.
Carl Hinrichs: Friedrich Wilhelm I. König in Preußen. Jugend und Aufstieg. Hamburg 1941.
Carl Hinrichs: Preußen als historisches Problem. Gesammelte Abhandlungen. Hrsg. von Gerhard Oestreich. Berlin 1964.

Carl Hinrichs: Preußentum und Pietismus. Der Pietismus in Brandenburg-Preußen als religiös-soziale Reformbewegung. Göttingen 1971.
Otto Hintze: Die Hohenzollern und ihr Werk. Fünfhundert Jahre vaterländischer Geschichte. Berlin 1915.
Otto Hintze: Regierung und Verwaltung. Gesammelte Abhandlungen zur Staats-, Rechts- und Sozialgeschichte Preußens. Hrsg. und eingeleitet von Gerhard Oestreich. 2. Aufl. Göttingen 1967.
Bärbel Holtz: Der vormärzliche Regierungsstil von Friedrich Wilhelm IV. In: Forschungen zur brandenburgischen und preußischen Geschichte, N. F. 12 (2002), S. 75–112.
Walther Hubatsch: Eckpfeiler Europas. Probleme des Preußenlandes in geschichtlicher Sicht. Heidelberg 1953.
Walther Hubatsch: Das Problem der Staatsraison bei Friedrich dem Großen. Göttingen/Frankfurt am Main 1956.
Walther Hubatsch: Albrecht von Brandenburg-Ansbach. Deutschordens-Hochmeister und Herzog in Preußen 1490–1568. Heidelberg 1960.
Walther Hubatsch: Der preußische Staat. Probleme seiner Entwicklung vom 16. bis zum beginnenden 19. Jahrhundert. In: Jahrbuch der Albertus-Universität zu Königsberg/Preußen 12 (1962), S. 107–148.
Walther Hubatsch: Hohenzollern in der Geschichte. 2., vermehrte Aufl. Frankfurt am Main 1971.
Walther Hubatsch: Friedrich der Große und die preußische Verwaltung. Köln/Berlin 1973.
Walther Hubatsch: Stein-Studien. Die preußischen Reformen des Reichsfreiherrn Karl vom Stein zwischen Revolution und Restauration. Köln/Berlin 1975.
Walther Hubatsch: Die Stein-Hardenbergschen Reformen. Darmstadt 1977.
Walther Hubatsch: Grundlinien preußischer Geschichte. Königtum und Staatsgestaltung 1701–1871. Darmstadt 1983.
Sigurd von Ilsemann: Der Kaiser in Holland. Aufzeichnungen des letzten Flügeladjutanten Kaiser Wilhelms II. Hrsg. von Harald von Koenigswald, Bd. 1: Amerongen und Doorn 1918–1923; Bd. 2: Monarchie und Nationalsozialismus 1924–1941. München 1967–1968.
Rolf H. Johannsen: Friedrich Wilhelm IV. von Preußen. Von Borneo nach Rom. Sanssouci und die Residenzprojekte 1814 bis 1848. Kiel 2007.
Martin Kohlrausch: Der Monarch im Skandal. Die Logik der Massenmedien und die Transformation der wilhelminischen Monarchie. Berlin 2005.
Andrea M. Kluxen: Bild eines Königs. Friedrich der Große in der Graphik. Limburg/Lahn 1986.
Wolfgang König: Wilhelm II. und die Moderne. Der Kaiser und die technisch-industrielle Welt. Paderborn/München/Wien/Zürich 2007.
Reinhart Koselleck: Preußen zwischen Reform und Revolution. Allgemeines Landrecht, Verwaltung und soziale Bewegung von 1791–1848. 3. Aufl. Stuttgart 1981.

Reinhold Koser: Geschichte Friedrichs des Großen. 4., vermehrte Aufl., Bde. 1–4. Stuttgart/Berlin 1912–1914.
Reinhold Koser: Zur preußischen und deutschen Geschichte. Aufsätze und Vorträge. Stuttgart/Berlin 1921.
Hans-Christof Kraus: Das preußische Königtum und Friedrich Wilhelm IV. aus der Sicht Ernst Ludwig von Gerlachs. In: Otto Büsch (Hrsg.): Friedrich Wilhelm IV. in seiner Zeit. Beiträge eines Colloquiums. Berlin 1987, S. 48–93.
Hans-Christof Kraus: Konstitutionalismus wider Willen. Versuche einer Abschaffung oder Totalrevision der preußischen Verfassung während der Reaktionsära (1850–1857). In: Forschungen zur brandenburgischen und preußischen Geschichte, N.F. 5 (1995), S. 157–240.
Frank-Lothar Kroll: Friedrich Wilhelm IV. und das Staatsdenken der deutschen Romantik. Berlin 1990.
Frank-Lothar Kroll: Das geistige Preußen. Zur Ideengeschichte eines Staates. Paderborn/München/Wien/Zürich 2001.
Frank-Lothar Kroll: Friedrich der Große. In: Etienne François und Hagen Schulze (Hrsg.): Deutsche Erinnerungsorte, Bd. 3. München 2001, S. 620–635.
Frank-Lothar Kroll: Romantik in Preußen. Die verspätete Gegenrevolution. In: Patrick Bahners/Gerd Roellecke (Hrsg.): Preußische Stile. Ein Staat als Kunststück. Stuttgart 2001, S. 329–337.
Frank-Lothar Kroll: Friedrich der Große als Gestalt der europäischen Geschichtskultur. In: Brunhilde Wehinger (Hrsg.): Geist und Macht. Friedrich der Große im Kontext der europäischen Kulturgeschichte. Berlin 2005, S. 185–198.
Frank-Lothar Kroll: Preußenbild und Preußenforschung im Dritten Reich. In: Wolfgang Neugebauer (Hrsg.): Das Thema «Preußen» in Wissenschaft und Wissenschaftspolitik des 19. und 20. Jahrhunderts. Berlin 2006, S. 305–327.
Frank-Lothar Kroll: Strahlkraft der Krone. In: Stephan Burgdorff, Norbert F. Pötzl und Klaus Wiegrefe (Hrsg.): Preußen. Die unbekannte Großmacht. Stuttgart 2008, S. 48–64.
Frank-Lothar Kroll (Hrsg.): Preußens Herrscher. Von den ersten Hohenzollern bis Wilhelm II. 3. Aufl. München 2006.
Frank-Lothar Kroll und Bernd Heidenreich (Hrsg.): Macht- oder Kulturstaat? Preußen ohne Legende. Berlin 2002.
Frank-Lothar Kroll, Christiane Liermann und Gustavo Corni (Hrsg.): Italien und Preußen. Dialog der Historiographien. Tübingen 2005.
Peter Krüger und Julius H. Schoeps (Hrsg.): Der verkannte Monarch. Friedrich Wilhelm IV. in seiner Zeit. Potsdam 1997.
Johannes Kunisch: Das Mirakel des Hauses Brandenburg. Studien zum Verhältnis von Kabinettspolitik und Kriegführung im Zeitalter des Siebenjährigen Krieges. München/Wien 1978.
Johannes Kunisch: Funktion und Ausbau der kurfürstlich-königlichen Resi-

denzen in Brandenburg-Preußen im Zeitalter des Absolutismus. In: Forschungen zur brandenburgischen und preußischen Geschichte, N.F. 3 (1993), S. 167–192.

Johannes Kunisch: Friedrich der Große. Der König und seine Zeit. München 2004.

Johannes Kunisch (Hrsg.): Dreihundert Jahre Preußische Königskrönung. Eine Tagungsdokumentation. Berlin 2002.

Georg Küntzel: Die drei großen Hohenzollern und der Aufstieg Preußens im 17. und 18. Jahrhundert. Stuttgart/Berlin 1922.

Brigitte Meier: Friedrich Wilhelm II. König von Preußen (1744–1797). Ein Leben zwischen Rokoko und Revolution. Regensburg 2007.

Friedrich Meinecke: Weltbürgertum und Nationalstaat (1907). In: Ders.: Werke, Bd. 5. München 1963.

Friedrich Meinecke: Die Idee der Staatsräson in der neueren Geschichte (1924). In: Ders.: Werke, Bd. 1. München 1957.

Friedrich Meinecke: Preußen und Deutschland im 19. und 20. Jahrhundert. Historische und politische Aufsätze. München/Berlin 1918.

Heinrich Otto Meisner: Die monarchische Regierungsform in Brandenburg-Preußen. In: Forschungen zu Staat und Verfassung. Festgabe für Fritz Hartung. Berlin 1958, S. 219–245.

Wolfgang J. Mommsen: War der Kaiser an allem schuld? Wilhelm II. und die preußisch-deutschen Machteliten. Berlin 2002.

Wolfgang Neugebauer: Die Hohenzollern, Bd. 1: Anfänge, Landesstaat und monarchische Autokratie bis 1740; Bd. 2: Dynastie im säkularen Wandel. Von 1740 bis in das 20. Jahrhundert. Stuttgart 1996–2003.

Wolfgang Neugebauer: Zur Staatsbildung Brandenburg-Preußens. Thesen zu einem historischen Typus. In: Jahrbuch für brandenburgische Landesgeschichte 49 (1998), S. 183–194.

Wolfgang Neugebauer: Residenz – Verwaltung – Repräsentation. Das Berliner Schloß und seine historischen Funktionen vom 15. bis 20. Jahrhundert. Potsdam 1999.

Wolfgang Neugebauer: Hof und politisches System in Brandenburg-Preußen. Das 18. Jahrhundert. In: Jahrbuch für die Geschichte Mittel- und Ostdeutschlands 46 (2000), S. 139–169.

Wolfgang Neugebauer: Staatsverfassung und Heeresverfassung in Preußen während des 18. Jahrhunderts. In: Forschungen zur brandenburgischen und preußischen Geschichte, N.F. 13 (2003), S. 83–102.

Wolfgang Neugebauer: Geschichte Preußens. Hildesheim 2004.

Gerhard Oestreich: Calvinismus, Neustoizismus und Preußentum. Eine Skizze. In: Jahrbuch für die Geschichte Mittel- und Ostdeutschlands 5 (1956), S. 157–181.

Gerhard Oestreich: Politischer Neustoizismus und Niederländische Bewegung in Europa und besonders in Brandenburg-Preußen (1964). In: Ders.: Geist und Gestalt des frühmodernen Staates. Ausgewählte Aufsätze. Berlin 1969, S. 101–156.

Gerhard Oestreich: Fundamente preußischer Geistesgeschichte. Religion und Weltanschauung in Brandenburg im 17. Jahrhundert. In: Jahrbuch preußischer Kulturbesitz 7 (1969), S. 20–45.
Gerhard Oestreich: Friedrich Wilhelm. Der Große Kurfürst. Göttingen 1971.
Gerhard Oestreich: Friedrich Wilhelm I. Preußischer Absolutismus, Merkantilismus, Militarismus. Göttingen 1977.
Ernst Opgenoorth: Friedrich Wilhelm. Der Große Kurfürst von Brandenburg. Eine politische Biographie, Bde 1–2. Göttingen 1971–1978.
Matthias Pape: Die Verfassungsgebung in Preußen 1848/50. Akteure – Ziele – Handlungsspielräume. In: Zeitschrift für Neuere Rechtsgeschichte 22 (2000), S. 188–217.
Friedrich Wilhelm Prinz von Preußen: «Gott helfe unserem Vaterland». Das Haus Hohenzollern 1918–1945. 2. Aufl. München 2003.
Ursula Rathke: Die Rolle Friedrich Wilhelms IV. von Preußen bei der Vollendung des Kölner Doms. In: Kölner Domblatt 47 (1982), S. 127–160; 48 (1983), S. 27–68; 49 (1984), S. 169–173.
John C. G. Röhl: Wilhelm II., Bd. 1: Die Jugend des Kaisers 1859–1888; Bd. 2: Der Aufbau der persönlichen Monarchie 1888–1900; Bd. 3: Der Weg in den Abgrund 1900–1941. München 1993–2008.
Stefan Samerski (Hrsg.)*:* Wilhlem II. und die Religion. Facetten einer Persönlichkeit und ihres Umfelds. Berlin 2001.
Theodor Schieder: Friedrich der Große. Ein Königtum der Widersprüche. Frankfurt am Main/Berlin/Wien 1983.
Manfred Schlenke: England und das friderizianische Preußen 1740–1763. Ein Beitrag zum Verhältnis von Politik und öffentlicher Meinung im England des 18. Jahrhunderts. Freiburg/München 1963.
Hermann Schmitz: Preußische Königsschlösser (1926). Mit einem Nachwort zur Neuausgabe von Goerd Peschken. Berlin 1999.
Reinhold Schneider: Die Hohenzollern. Tragik und Königtum. Leipzig 1933.
Reinhold Schneider: Potsdam und Doorn. In: Ders.: Verhüllter Tag. Köln/Olten 1954, S. 91–110.
Hans-Joachim Schoeps: Das andere Preußen. Konservative Gestalten und Probleme im Zeitalter Friedrich Wilhelms IV. (1952). 3. Aufl. Berlin 1964.
Hans-Joachim Schoeps: Preußen. Geschichte eines Staates. Frankfurt am Main/Berlin/Wien 1966.
Hans-Joachim Schoeps: Der christliche Staat im Zeitalter der Restauration (1966). In: Ders.: Ein weites Feld. Gesammelte Aufsätze. Berlin 1980, S. 309–324.
Johannes Schultze: Die Mark Brandenburg, Bd. 3: Die Mark unter der Herrschaft der Hohenzollern (1415–1535); Bd. 4: Von der Reformation bis zum Westfälischen Frieden (1535–1648). Berlin 1963–1964.
Stephan Skalweit: Frankreich und Friedrich der Große. Der Aufstieg Preußens in der öffentlichen Meinung des «ancien régime». Bonn 1952.
Thomas Stamm-Kuhlmann: König in Preußens großer Zeit. Friedrich Wilhelm III. – Der Melancholiker auf dem Thron. Berlin 1992.

Thomas Stamm-Kuhlmann: Die Hohenzollern. Berlin 1995.
Barbara Stollberg-Rilinger: Höfische Öffentlichkeit. Zur zeremoniellen Selbstdarstellung des brandenburgischen Hofes vor dem europäischen Publikum. In: Forschungen zur brandenburgischen und preußischen Geschichte, N. F. 7 (1997), S. 145–176.
Eberhard Straub: Eine kleine Geschichte Preußens. Berlin 2001.
Wolfgang Stribrny: Die Rußlandpolitik Friedrichs des Großen 1764–1786. Würzburg 1966.
Fritz Terveen: Gesamtstaat und Retablissement. Der Wiederaufbau des nördlichen Ostpreußen unter Friedrich Wilhelm I. 1714–1740. Göttingen 1954.
Peter Gerrit Thielen: Die Kultur am Hofe Herzog Albrechts von Preußen (1525–1568). Göttingen 1953.
Gustav Berthold Volz (Hrsg.): Friedrich der Große und Wilhelmine von Baireuth, Bd. I: Jugendbriefe 1728–1740; Bd. II: Briefe der Königszeit 1740–1758. Berlin/Leipzig 1924–1926.
Hans Wilderotter und Klaus-D. Pohl (Hrsg.): Der letzte Kaiser. Wilhelm II. im Exil. Gütersloh/München 1991.
Volker Wittenauer: Im Dienste der Macht: Kultur und Sprache am Hof der Hohenzollern. Vom Großen Kurfürst bis zu Wilhelm II. Paderborn/München/Wien/Zürich 2007.

Bildnachweis

akg-images, Berlin: S. 20, 24, 33, 65, 70, 77, 87, 105
Interfoto, München: S. 40, 97
Ullstein Bild, Berlin: S. 11
Bildpostkarte aus dem Archiv des Verfassers: S. 109
entnommen aus: Ludwig Dehio, Friedrich Wilhelm IV. Ein Baukünstler der Romantik, München/Berlin 1961: S. 47
entnommen aus: Jochen Klepper (Hrsg.), In tormentis pinxit. Bilder und Briefe des Soldatenkönigs, Stuttgart 1938: S. 85
Karten auf den Umschlaginnenseiten: cartomedia, Karlsruhe

Regententabelle

Kurfürsten von Brandenburg und Könige von Preußen

1440–1470	Kurfürst Friedrich II.
1470–1486	Kurfürst Albrecht Achilles
1486–1499	Kurfürst Johann Cicero
1499–1535	Kurfürst Joachim I.
1535–1571	Kurfürst Joachim II.
1571–1598	Kurfürst Johann Georg
1598–1608	Kurfürst Joachim Friedrich
1608–1619	Kurfürst Johann Sigismund
1619–1640	Kurfürst Georg Wilhelm
1640–1688	Friedrich Wilhelm, der Große Kurfürst
1688–1713	Kurfürst (und seit 1701 König) Friedrich III./I.
1713–1740	König Friedrich Wilhelm I.
1740–1786	König Friedrich II., der Große
1786–1797	König Friedrich Wilhelm II.
1797–1840	König Friedrich Wilhelm III.
1840–1861	König Friedrich Wilhelm IV.
1861–1888	König (und seit 1871 Kaiser) Wilhelm I.
1888	König (und Kaiser) Friedrich III.
1888–1918	König (und Kaiser) Wilhelm II.

Fürsten und Könige von Rumänien

1860–1914	Fürst (und seit 1881 König) Carol I.
1914–1927	König Ferdinand I.
1927–1930	König Michael I.
1930–1940	König Carol II.
1940–1947	König Michael I.

Personenregister

Albrecht Achilles, Kurfürst von Brandenburg 15 f.
Albrecht von Hohenzollern, Erzbischof von Magdeburg und Mainz, Bischof von Halberstadt 16
Albrecht von Brandenburg-Ansbach, Hochmeister des Deutschen Ordens und Herzog in Preußen 26 f.
Albrecht Friedrich von Brandenburg-Ansbach, Herzog in Preußen 27
Alexander I., russischer Zar 77
Alexander II., russischer Zar 102
Alexandra Feodorowna, Tochter König Friedrich Wilhelms III., Gattin Zar Nikolaus I. 95
Anna von Preußen, Gattin Kurfürst Johann Sigismunds von Brandenburg 25, 27
Arnim, Bettina von 83
Arnim-Boitzenburg, Heinrich Graf von 91
August Wilhelm, Prinz von Preußen, Bruder König Friedrichs des Großen 72
August Wilhelm, Prinz von Preußen, Sohn Kaiser Wilhelms II. 114
Augusta von Sachsen-Weimar, Gattin Kaiser Wilhelms I. 97
Auguste Viktoria von Schleswig-Holstein-Sonderburg-Augustenburg, Gattin Kaiser Wilhelms II. 112

Bayle, Pierre 44, 57
Beethoven, Ludwig van 75
Berthold von Reichenau 9
Besser, Johann von 40
Bethmann Hollweg, Theobald von 110
Bieberstein, Adolf Marschall von 107
Bischoffwerder, Johann Rudolf von 73 f.
Bismarck, Otto von 90, 99–104
Börsch-Supan, Helmut 85
Boyen, Hermann Ludwig Leopold Gottlieb von 80

Brandenburg, Friedrich Wilhelm Graf von 73, 91
Bülow, Bernhard von 107
Büsch, Otto 52

Camphausen, Ludolf 91
Caprivi, Leo von 107
Carion, Johannes 19
Carmer, Johann Heinrich Kasimir von 62
Carol I., König von Rumänien 10 f., 100
Chamisso, Adelbert von 36
Clausewitz, Carl von 80
Cocceji, Samuel von 62

Daun, Leopold Graf von 64
Droste-Vischering, Clemens August von 88
Dunin, Martin von 88

Elias, Norbert 45
Elisabeth Ludovika, Prinzessin von Bayern, Gattin König Friedrich Wilhelms IV. 83
Elisabeth, russische Zarin 65
Elisabeth Christine von Braunschweig-Bevern, Gattin König Friedrichs des Großen 56
Encke, Wilhelmine, Gräfin Lichtenau, Geliebte König Friedrich Wilhelms II. 73
Eosander von Göthe, Johann Friedrich 42 f.

Fénelon, François 44, 57
Ferdinand I., König von Rumänien 10 f., 100
Fontane, Theodor 36
Foqué, Friedrich de la Motte 36, 83
Francke, August Hermann 44, 48 f.
Franz I. Stephan von Lothringen-Toskana, römisch-deutscher Kaiser 60

Personenregister

Friederike Luise von Hessen-Darmstadt, Gattin König Friedrich Wilhelms II. 73
Friedrich III., Burggraf von Nürnberg 9 f.
Friedrich I., Kurfürst von Brandenburg 11–15
Friedrich II., Kurfürst von Brandenburg 15, 19
Friedrich III./I., Kurfürst von Brandenburg und König von Preußen 37–40, 42–45
Friedrich II., der Große, König von Preußen 44 f., 54–75, 84
Friedrich III., König von Preußen und deutscher Kaiser 99, 102 f.
Friedrich Wilhelm, der Große Kurfürst, Kurfürst von Brandenburg 28–37, 39, 43, 51
Friedrich Wilhelm I., König von Preußen 45–58, 61, 70, 76
Friedrich Wilhelm II., König von Preußen 72–84, 91
Friedrich Wilhelm III., König von Preußen 73–75, 83, 87 f.
Friedrich Wilhelm IV., König von Preußen 73, 82–96
Frobenius, Leo 113

Georg Wilhelm, Kurfürst von Brandenburg 28
Gilly, Friedrich 36
Gneisenau, August Neidthardt Graf von 80
Goerdeler, Carl Friedrich 115
Goethe, Johann Wolfgang von 72
Göring, Hermann 113
Grimm, Jacob 83
Grimm, Wilhelm 83
Grolman, Karl Wilhelm Georg von 80
Gundling, Jacob Paul von 47

Hardenberg, Karl August Freiherr von 79, 82 ff.
Hartung, Fritz 46, 54
Haydn, Joseph 75
Heinrich IV., römisch-deutscher Kaiser 12
Heinrich VI., römisch-deutscher Kaiser 9 ff.
Heinrich IV., König von Frankreich 36
Heinrich I. von Eilenburg, Markgraf von Meißen 11 f.

Heinrich, Prinz von Preußen, Bruder König Friedrichs des Großen 56
Hermine, Prinzessin von Schönaich-Carolath, Gattin Kaiser Wilhelms II. 112
Hesse, Ludwig Ferdinand 86
Hindenburg, Paul von 110
Hintze, Otto 8, 52, 60
Hitler, Adolf 113 f.
Holstein, Friedrich von 107
Hubatsch, Walther 61
Humboldt, Alexander von 83
Humboldt, Wilhelm von 83

Ilsemann, Sigurd von 114

Joachim I., Kurfürst von Brandenburg 19, 22 f.
Joachim II., Kurfürst von Brandenburg 19 f., 22 f., 86
Joachim Friedrich, Kurfürst von Brandenburg 21, 24 f.
Johann Cicero, Kurfürst von Brandenburg 16 f., 19
Johann Georg, Kurfürst von Brandenburg 23 f.
Johann Sigismund, Kurfürst von Brandenburg 25 ff.
Johann I. (Hans) von Küstrin, Markgraf von Brandenburg-Küstrin 23 f.
Joseph II., römisch-deutscher Kaiser 67

Karl IV., römisch-deutscher Kaiser 12
Karl VI., römisch-deutscher Kaiser 59
Karl Emil, Kurprinz von Brandenburg 37
Katharina II., russische Zarin 66
Katte, Hans Hermann von 56
Kaunitz, Wenzel Anton Graf von 63
Knobelsdorff, Georg Wenzeslaus von 62
Konrad I., Burggraf von Nürnberg 10
Koselleck, Reinhart 82
Kroll, Frank-Lothar 69
Kunisch, Johannes 57
Küntzel, Georg 48

Langhans, Carl Gotthard 75
Leibniz, Gottfried Wilhelm 44
Lenné, Peter Joseph 85
Leopold, Fürst zu Hohenzollern-Sigmaringen 10

Lipsius, Justus 37
Locke, John 57
Loudon, Gideon Ernst Freiherr von 64
Louis Ferdinand, Prinz von Preußen, Enkel Kaiser Wilhelms II. und Chef des Hauses Hohenzollern 115 ff.
Ludendorff, Erich 110
Ludwig XIV., König von Frankreich 35 f., 39, 46
Luise Henriette, Prinzessin von Oranien-Nassau, Gattin Friedrich Wilhelms, des Großen Kurfürsten 29
Luise, Prinzessin von Mecklenburg-Strelitz, Gattin König Friedrich Wilhelms III. 75 f., 78
Luther, Martin 16, 22, 27

Maaßen, Karl Georg 83
Machiavelli, Niccolò 57
Mann, Thomas 64
Manteuffel, Otto Freiherr von 94 ff.
Maria Theresia, Erzherzogin von Österreich, Königin von Ungarn und Böhmen 60
Marwitz, Friedrich August Ludwig von der 70 f.
Mendelssohn-Bartholdy, Felix 83
Michael I., König von Rumänien 10, 116
Montesquieu, Charles-Louis de Secondat, Baron de La Brède et de 57
Motz, Friedrich von 83
Mozart, Wolfgang Amadeus 75

Napoleon I. Bonaparte, Kaiser der Franzosen 77–80
Nering, Johann Arnold 43
Neugebauer, Wolfgang 8, 60, 96
Nikolaus I., russischer Zar 95
Nikolaus II., russischer Zar 108

Oestreich, Gerhard 37
Oskar, Prinz von Preußen, fünfter Sohn Kaiser Wilhelms II. 114
Oster, Hans 115
Otto, Walter F. 113

Persius, Ludwig 86
Pesne, Antoine 46
Peter III., russischer Zar 65
Popitz, Johannes 115
Pufendorf, Samuel Freiherr von 43, 57

Radowitz, Joseph Maria von 92

Sarre, Friedrich 113
Scharnhorst, Gerhard Johann David von 80
Schelling, Friedrich Wilhelm Joseph 83
Schinkel, Karl Friedrich 85
Schlüter, Andreas 33, 42 f.
Schneider, Reinhold 66, 115 f.
Schoeps, Hans-Joachim 8, 26
Shaftesbury, Anthony Ashley Cooper 57
Sigismund, römisch-deutscher Kaiser 12
Sophie Charlotte von Hannover, Gattin Kurfürst / König Friedrichs III. / I. 43 f.
Spener, Philipp Jakob 44
Stein, Karl Reichsfreiherr von und zum 78 f.
Stresemann, Gustav 113
Stüler, Friedrich August 86
Svarez, Karl Gottlieb 62

Theiss, Caspar 20
Thomasius, Christian 43, 57
Tieck, Ludwig 83
Treitschke, Heinrich von 101
Trithemius, Johannes 19

Victoria von England, Gattin Kaiser Friedrichs III. 99
Voltaire, François-Marie Arouet, genannt 57

Wilhelm I., König von Preußen und deutscher Kaiser 93–103
Wilhelm II., König von Preußen und deutscher Kaiser 103–116
Wilhelm, preußischer und deutscher Kronprinz, Chef des Hauses Hohenzollern 111, 113–116
Wilhelm I. von Oranien-Nassau, «der Schweiger» 29
Wilhelm III., König von England 36
Wilhelmine, Markgräfin von Ansbach-Bayreuth, Schwester König Friedrichs des Großen 47, 56
Wolff, Christian Freiherr von 47, 57 f.
Wöllner, Johann Christoph von 73

Yorck, Johann David Ludwig, Graf von Wartenburg 80